A Verdade sobre a Negociação

TÍTULO ORIGINAL:
The truth about negotiations

Copyright © 2008 Pearson Education Inc.
Todos os direitos reservados.
Edição original publicada por FT Press – Pearson Education, Inc.

AUTOR
Leigh Thompson

Direitos reservados para Portugal por

CONJUNTURA ACTUAL EDITORA, uma chancela de EDIÇÕES ALMEDINA
Sede: Rua Fernandes Tomás, 76-80, 3000-167 Coimbra
Delegação: Avenida Engenheiro Arantes e Oliveira, 11 – 3° C 1900-221 – Lisboa - Portugal
www.actualeditora.pt

TRADUÇÃO
Carla Pedro

REVISÃO
João Matos e Marta Pereira da Silva

CAPA
FBA

PAGINAÇÃO
Fernando Mateus

IMPRESSÃO E ACABAMENTO
DPS - DIGITAL PRINTING SERVICES, LDA

Março 2017
(2008)

ISBN da 1.ª edição: 978-989-8101-23-5

DEPÓSITO LEGAL
n.º 423580/17

Toda a reprodução desta obra, por fotocópia ou qualquer outro processo, sem prévia
autorização escrita do Editor, é ilícita e passível de procedimento judicial contra o infrator.

Biblioteca Nacional de Portugal – Catalogação na Publicação

THOMPSON, Leigh

A verdade sobre a negociação. – (Espírito de negócios)
ISBN 978-989-694-215-1
CDU 316

Leigh Thompson
A Verdade sobre a Negociação

ACTUAL

Índice

Introdução		9
	Capítulo 1 - As primeiras verdades	
1ª	Se tiver apenas uma hora para se preparar...	14
2ª	Negociação: um dom natural?	16
3ª	Ensaiar pode levá-lo ao Carnegie, mas não irá ajudá-lo a negociar	17
4ª	O poder de fazer a proposta inicial	19
5ª	E se não fizer a proposta inicial?	21
6ª	Não seja um negociador demasiado duro nem demasiado simpático	22
7ª	Quatro obstáculos na negociação vista como um jogo de golfe	24
8ª	O seu sector é único (e outros mitos)	27
	Capítulo 2 - Da 9ª à 17ª verdade	
9ª	Identifique a sua MAPAN	32
10ª	Ela está viva! Melhore constantemente a sua MAPAN	34
11ª	Não revele a sua MAPAN	36
12ª	Não minta acerca da sua MAPAN	37
13ª	Mostre que tem uma MAPAN	39
14ª	Pesquise as MAPAN da outra parte	40
15ª	Determine o seu ponto de resistência	42
16ª	Cuidado com a miopia ZOPA	43
17ª	Estabeleça aspirações optimistas, mas realistas	45
	Capítulo 3 - Da 18ª à 32ª verdade	
18ª	Planeie as suas concessões	50
19ª	Atenção à armadilha "dividir a diferença ao meio"	52
20ª	O pré-jogo	54
21ª	O jogo	55
22ª	O pós-jogo	57
23ª	O que é que significa realmente *win-win*?	59
24ª	Satisfazer *versus* optimizar	60
25ª	Só existe realmente dois tipos de negociação	63
26ª	Faça perguntas de triplo I	65

27ª	Revele os seus interesses	**67**
28ª	Negoceie as questões em simultâneo e não sequencialmente	**69**
29ª	*Logrolling* (Eu ajudo-te, tu ajudas-me)	**72**
30ª	Faça em simultâneo múltiplas ofertas de valor semelhante	**74**
31ª	Acordos pós-acordo	**76**
32ª	Acordos de contingência	**78**

Capítulo 4 - Da 33ª à 42ª verdade

33ª	É um negociador esclarecido?	**82**
34ª	O princípio da reciprocidade	**84**
35ª	O princípio do reforço	**85**
36ª	O princípio da afinidade	**87**
37ª	Saiba quando lançar uma âncora	**88**
38ª	O efeito de *framing*	**90**
39ª	Responder a explosões de raiva	**93**
40ª	Qual é a sua imagem de marca? (Conheça o seu estilo de negociação)	**94**
41ª	Usar o poder de forma responsável	**97**
42ª	Salvar a face	**98**

Capítulo 5 - Da 43ª à 53ª verdade

43ª	Como negociar com alguém de quem não gosta	**102**
44ª	Como negociar com alguém de quem gosta muito	**105**
45ª	Construir a equipa de negociação vencedora	**107**
46ª	E se eles chegarem com uma equipa?	**109**
47ª	Acerca de homens, mulheres e divisão do bolo	**110**
48ª	Saiba por que nadam os peixes	**112**
49ª	Nem sempre faz sentido ir directo ao assunto…	**114**
50ª	Negociar pelo telefone	**115**
51ª	A sua reputação	**118**
52ª	Criar confiança	**120**
53ª	Restaurar a confiança perdida	**122**

Referências	**125**
Agradecimentos	**133**
Sobre a Autora	**135**

Introdução

Diariamente, passamos mais tempo a negociar do que a viajar de carro para o trabalho. A maioria de nós leva a sua condução muito a sério: estudámos, praticámos e fizemos o exame de condução. Temos a carta de condução, o seguro do carro e um sistema de navegação sofisticado; sabemos o código da estrada e esperamos que quem viola esse código seja mandado parar e multado. Estes investimentos pessoais significam que não ficamos acordados à noite preocupados com como vamos conduzir para o emprego. Temos o equipamento, sabemos o que estamos a fazer e chegamos lá. Sentimo-nos preparados.

Ir todos os dias para uma negociação deveria ser a mesma coisa. Contudo, se é como a maioria, passa horas incontáveis a preocupar-se com negociações iminentes. "O que é que devo dizer?", "Devo ser eu a começar ou não?", "O que é que faço se não aceitarem a minha proposta?" e por aí adiante.

Este livro pretende garantir que está preparado e a postos para negociar no terreno mais agreste, com a estrada nas condições mais adversas.

A necessidade de negociar pode surgir a qualquer momento – pode ser uma única vez ou várias vezes ao dia. Sempre que precisa da colaboração de alguém para atingir os seus objectivos, entra em negociações. Pode não estar envolvido numa negociação para a libertação de

(10) A Verdade sobre a Negociação

reféns ou na concretização de um negócio que tem em vista um produto ou um serviço que vale milhões de dólares para uma empresa, mas a importância de chegar a um ponto em que tanto você como a outra parte sentem que ficam a ganhar é vital para a sua tranquilidade, sanidade e produtividade. Por exemplo, se o seu objectivo é jantar tranquilamente e o seu filho pequeno lhe pede para reparar um brinquedo ou fazer um jogo, terá de negociar.

Se o seu objectivo é vender a sua casa e comprar uma melhor, o que implica uma hipoteca mais pesada, poderá ter de negociar com um parceiro que é mais avesso a gastar dinheiro e que pode não estar com vontade de se mudar. Por vezes, é atirado para o campo das negociações quando menos espera – como quando alguém tem o atrevimento de ter uma pretensão sobre algo que é seu. Imagine que um colega de trabalho anuncia que quer "reconsiderar" as responsabilidades do projecto que pensava que tinham sido acordadas entre ambos. Ou que o seu vizinho entende que lhe cabe a si reparar a cerca que caiu após uma terrível tempestade.

A questão simples que coloco neste livro é: *"Está pronto para negociar de imediato?"* Se a sua resposta for tudo menos "Sim, com certeza", então por favor continue a ler. Um passo em falso em negociações de grande importância, como as negociações salariais, a aquisição de uma moradia ou de um automóvel, pode ter uma consequência drasticamente negativa no seu bem-estar financeiro durante anos. Dado que a sua qualidade de vida é afectada pela sua capacidade de ganhar o pão e comê-lo condignamente, saber como negociar no mundo empresarial e na "cozinha" é importante para a paz de espírito e para a reforma.

Este livro tem três objectivos: em primeiro lugar, fornece um plano de jogo que resulta em qualquer cenário de negociação. Rejeito a falsa crença de que as negociações nos conselhos de administração ou nos contratos com imobiliárias são fundamentalmente diferentes das negociações salariais, das negociações escolares ou comunitárias… e, claro, das negociações com os parceiros e filhos. Provavelmente, se for bom a fazer contratos com imobiliárias, então também será bom a negociar com o fornecedor da comida para a angariação de fundos da instituição de solidariedade social local.

Em segundo lugar, este livro concentra-se nas duas tarefas-chave de toda a negociação: como celebrar acordos *win-win**, fazendo a alavancagem da informação cuidadosamente recolhida pela outra parte, e como reivindicar eficazmente uma parte da mina de ouro que é esse acordo *win-win*.

Por último, este livro debruça-se sobre formas de lidar com situações menos fáceis, como quando faz uma ameaça (que na verdade não pretendia fazer), criar uma relação de confiança com alguém em quem não confia, afastar-se no momento certo e negociar com pessoas de quem não gosta e, no outro lado da escala, com pessoas de quem gosta muito.

A palavra negociação pode parecer intimidatória, mas se estiver informado, treinado e preparado, será capaz de ir em frente. E é essa a verdade.

---

* **N. T.** Em que ambas as partes ficam a ganhar.

(1)
As primeiras verdades

Neste capítulo, vai aprender:
- a preparar uma negociação;
- a negociação é um dom natural;
- o poder de uma primeira oferta.

1ª VERDADE

Se tiver apenas uma hora para se preparar...

A negociação não acontece apenas nos *stands* de automóveis usados, nas salas de reuniões ou nos escritórios de advogados. Negoceia todos os dias: com o seu parceiro, para dividir as tarefas domésticas; com os seus colegas, para decidir quem vai atender o telefonema de um cliente; com os seus filhos, para determinar a hora de irem dormir. Sempre que seja necessária a colaboração de outros para atingir os seus objectivos, tem de negociar.

Por vezes, dispõe de tempo suficiente para se preparar para uma negociação. Contudo, noutras alturas, é apanhado desprevenido: recebe um telefonema de um velho amigo com uma oportunidade de negócio "incrível". Ou recebe um *e-mail* perturbador de um colega, exigindo recursos que você considera serem seus. Ou a sua empregada doméstica ameaça demitir-se, a menos que lhe aumente o ordenado e lhe dê férias adicionais. Em todas estas situações, pode sentir que não tem tempo para se preparar para a negociação.

Mas mesmo que tenha apenas uma hora – ou somente minutos – para se preparar, há vários passos fundamentais que tem de dar.

1. Identifique os seus objectivos-chave.
2. Faça um *brainstorming* acerca das suas opções.
3. Planeie a sua proposta inicial.

Conheça os seus objectivos

Muitas vezes, os negociadores assumem uma posição muito rapidamente. Uma posição é uma exigência, como por exemplo: "Eu quero um bónus!" O perigo de manifestar uma posição é que isso pode levar a que a outra parte assuma também uma posição, que pode ser algo do tipo: "Nem pensar; não lhe vou dar um bónus!"

No outro extremo, os negociadores que vão além das tomadas de posição e se concentram nos seus interesses costumam atingir os seus objectivos. Um objectivo concreto reflecte os interesses do negociador e responde à pergunta "Porquê?". Veja-se o caso de dois colegas que negoceiam sobre quem fica com o gabinete mais espaçoso. Seria fácil qualquer um deles dizer: "Eu quero o gabinete maior." Isto é uma exigência. Mas se cada um enunciar por que razão quer o gabinete maior, então estarão mais perto de especificarem os seus objectivos. Por exemplo, um colega pode querer o gabinete maior porque isso lhe irá permitir ter reuniões de equipa que actualmente se revelam impossíveis de marcar na sala de reuniões e pode estar sob pressão para cumprir um prazo. O outro colega pode querer o gabinete maior para impressionar clientes importantes.

As exigências de cada um podem ser incompatíveis, mas os seus objectivos podem ser compatíveis ou, pelo menos, complementar-se. A título de exemplo, se os dois colegas articularem os seus objectivos, podem elaborar um acordo nos termos do qual partilham o gabinete maior, reservando-o para reuniões com clientes.

Faça um *brainstorming* acerca das suas opções

As negociações nem sempre acabam num acordo mútuo. Um colega pode invocar a sua posição hierárquica para ficar com o gabinete maior; a empregada doméstica pode despedir-se; a empresa pode não aceitar a sua oferta. Assim sendo, precisa de enfrentar a questão difícil de saber o que faria na ausência de um acordo. Em resumo, quais são os seus planos de acção alternativos? A maioria tem uma visão míope em matéria de planos de acção alternativos numa negociação. Está tão concentrada nas suas exigências que não consegue vislumbrar todos os caminhos possíveis. Identifique as suas opções, fazendo uso das quatro regras fundamentais do *brainstorming*.[1]

- Sustenha a sua apreciação inicial e enumere todas as opções que lhe venham à mente, mesmo as mais bizarras.
- Faça um esforço em benefício da quantidade – muitas vezes, uma boa ideia surge de várias ideias menos boas.
- Guarde as conclusões e a avaliação para mais tarde.
- Misture, junte e combine diferentes opções.

Planeie a sua proposta inicial

A sua proposta inicial deve enunciar claramente o seu objectivo e sugerir como o atingir. ("Gostava de ficar com o melhor gabinete porque a minha carteira de clientes é a maior do escritório e a minha equipa não cabe no espaço de que disponho actualmente.") Não tem de revelar a sua proposta inicial no primeiro momento em que se reúne com a outra parte. Porém, a determinada altura, depois de trocar amabilidades ou talvez até depois de o seu interlocutor pôr algo sobre a mesa, será a sua vez de ancorar a negociação.

> A sua proposta inicial deve retratar a situação ideal para si. Exponha-a com clareza, mas não exponha a sua proposta como uma exigência.

Uma forma directa de o fazer, mas sem soar a exigência, é: "Com o intuito de dar início aos trabalhos, delineei uma série de condições que considero aceitáveis..." ou "Tendo em atenção o valor do seu tempo, preparei uma proposta em relação à qual gostava de saber a sua opinião..."

Seja firme quanto aos seus interesses, mas flexível na forma como os irá atingir. Não faça exigências do tipo "pegar ou largar". Se se sente muito exigente ou antes de uma negociação, ensaie uma introdução que faria a alguém de quem gosta (como o seu parceiro ou um amigo) – mesmo que não goste particularmente do seu interlocutor.

O perigo de fazer propostas em tom de "pegar ou largar", que podem ser consideradas insultuosas, é que a maior parte das pessoas opta por largar.

2ª VERDADE

Negociação: um dom natural?

Nunca conheci um negociador nato. Os melhores negociadores que conheci fizeram-se, não nasceram assim.

> Todos se podem adaptar e melhorar com um esforço consciente e, na verdade, esse é o único caminho para se tornar um bom negociador.

Ainda assim, muitos acreditam que a negociação bem sucedida está no ADN e que a negociação, tal como a liderança, é algo com que se nasce.

Não precisa de ir muito longe para ver que o tipo adequado de experiência pode melhorar substancialmente os resultados das suas negociações. A fórmula certeira, para adquirir os vários tipos de experiências que potenciam as capacidades de negociação, está na regra I-C-E (Imediato-Claro-Eficaz).

1 | As primeiras verdades (17)

- Dar *feedback imediato* (de preferência no espaço de uma hora).
- Tornar esse *feedback claro*, a ponto de ser inquestionável.
- Dar ao negociador as ferramentas necessárias para ser mais *eficaz*.

A negociação é algo que pode praticar e melhorar. Se, imediatamente após uma simulação negocial (no espaço de 20 minutos), alguém o avaliasse, interpretasse a sua avaliação o mais claramente possível e lhe desse um conjunto de ferramentas para garantir que não iria repetir erros, você iria, com a insistência, melhorar as suas capacidades de negociação. Com este tipo de prática, os resultados costumam melhorar significativamente, em média acima de 20 por cento.

À medida que vai lendo este livro, sugiro-lhe que siga o conselho dado a alguém que perguntou como é que se consegue chegar a Carnegie Hall*. "Com treino". Teste as competências de cada Verdade e, se possível, obtenha *feedback* imediato e claro, e vai dar por si a tornar-se mais eficaz. Tente negociar a nível pessoal e teste-se. Quanto mais tempo e esforço investir nos vários aspectos e técnicas apresentados, mais preparado irá ficar.

A sua capacidade de ser bem sucedido nas negociações mais importantes da vida não é determinada pela sua personalidade de base ou pela sua estrutura genética. É muito mais fortemente determinada por um factor simples: o seu grau de motivação para melhorar.

3ª VERDADE

Ensaiar pode levá-lo ao Carnegie, mas não irá ajudá-lo a negociar

A maioria procura uma fórmula mágica para a negociação e a verdade é que existe uma. Está preparado? Muito bem, ei-la. *Preparação*. Depois de anos e anos a dar este conselho, mandando as pessoas embora à espera de uma magia que nunca aconteceu, finalmente apercebi-me do problema: ensaiar não é o mesmo que preparar.

Há dois estilos de preparação e só um é que resulta. Chamemos-lhes *Padrão X* e *Padrão Y*.

---

* **N. T.** Uma das mais reputadas salas de espectáculos nova-iorquinas.

(18) A Verdade Sobre a Negociação

Preparação ao estilo do Padrão X
Estas actividades parecem úteis, mas não são.

- Ensaiar as suas exigências
- Encher-se de entusiasmo
- Prometer a si mesmo ou ao seu parceiro que vai ser duro
- Descobrir formas de deixar os outros negociadores confusos ou de os fazer sentirem-se desconfortáveis, como mudar a disposição do mobiliário (colocar as cadeiras deles em lugares pouco comuns)
- Preparar cumprimentos ambíguos e insultos directos
- Ensaiar frases que incluam: "Esta é a minha última oferta"; "É o meu limite"; "Não cedo neste ponto"; "Não é negociável"; e "Sendo assim, não há acordo"
- Estruturar a sua proposta inicial como uma exigência

Preparação ao estilo do Padrão Y
Estas actividades são extraordinariamente úteis, mas é frequente os negociadores descurarem-nas.

- Fazer uma lista de todas as questões a tratar (por exemplo, pagamento, termos e condições, indemnizações, volume, entregas)
- Classificar essas questões por ordem de importância ou prioridade para si (seja utilizando uma simples ordenação ou distribuindo cem pontos entre as questões para reflectir a percentagem de importância total que cada uma representa)
- Para cada questão, considerar todas as alternativas possíveis (a título de exemplo, as condições de pagamento podem ir de zero por cento iniciais até ao pronto pagamento integral)
- Fazer um *brainstorming* acerca de todas as questões que a outra parte possa levantar
- Identificar os termos que considera mais desejáveis para cada questão
- Identificar e ordenar por prioridade os seus planos de acção alternativos à negociação (a liquidação do seu produto, por exemplo)
- Identificar os potenciais planos de acção alternativos da outra parte
- Preparar uma proposta inicial como forma de dar início às conversações

---

Se os negociadores praticassem pelo menos algumas destas actividades para se prepararem para uma negociação, iriam obter melhores resultados.

Por outras palavras, os negociadores do Padrão Y têm visivelmente melhores resultados do que os negociadores do Padrão X. O Padrão X irá muito provavelmente fracassar, ao passo que o Padrão Y pode levá-lo a um acordo.

Assim sendo, a questão que se coloca é saber como é que se leva as pessoas a seguir o Padrão Y, quando a maior parte está habituada ao Padrão X. É óbvio que confiar no instinto natural não irá resultar. Por isso, permita-me que lhe sugira que utilize uma estratégia que designo por *preparação orientada*. Enquanto a preparação não orientada permite que os negociadores façam tudo o que querem, a preparação orientada dá-lhes um método que deve ser seguido passo a passo. Jeanne Brett, da Kellogg School of Management, delineou um modelo fácil de seguir que pode utilizar. Funciona do seguinte modo:

1. Enumere todas as questões a serem negociadas na primeira coluna (esteja preparado para acrescentar questões que a outra parte levante).
2. Para cada uma das questões enumeradas, indique, na segunda coluna, a importância relativa para si (use uma ordem de classificação ou a distribuição de cem pontos pelas questões), os termos que mais deseja e os seus interesses subjacentes.
3. Para todas as questões, faça na terceira coluna uma previsão dos interesses da outra parte, ordens de importância e termos mais desejados.

Se conseguiu fazer estas três coisas, pode estar descansado, pois sabe que se preparou de forma eficaz.

4ª VERDADE

O poder de fazer a proposta inicial

A sabedoria convencional sobre negociação previne exactamente os negociadores contra o facto de se ser o primeiro a falar – para evitar revelar as suas intenções prematuramente. Se todos o fizerem, é capaz de acabar numa situação cómica de "jogo do gato e do rato", no qual ambas as partes criam métodos sofisticados para evitar, durante o maior tempo possível, responder a quaisquer perguntas, acabando muitas vezes por sair sem um acordo.

(20) A Verdade Sobre a Negociação

Não sei qual a origem deste mau conselho, mas gostaria de pô-lo já de lado. Pesquisei a literatura científica e explorei inúmeros estudos que investigaram os padrões de propostas dos negociadores e respectivos resultados. Em *nenhuma* dessas investigações os negociadores ficaram prejudicados por começarem primeiro. Na verdade, parece que os negociadores ficam *sempre* beneficiados quando começam primeiro. Uma advertência: *Na situação rara e indesejável em que o seu interlocutor sabe mais acerca de si do que você acerca dele, não será vantajoso começar primeiro.*

Por que é que dá resultado começar primeiro?

A sua proposta inicial actua como uma poderosa âncora psicológica na negociação. Tem um enorme impacto.

> A sua proposta inicial representa o melhor que pode (normalmente) esperar obter. Não subestime a importância das propostas iniciais. De facto, as propostas iniciais dos negociadores normalmente são um bom indicador do resultado de uma negociação.

Adam Galinsky e Tomas Mussweiler descobriram que, em 85 por cento das vezes, as propostas iniciais têm uma correlação directa com os resultados obtidos.[2]

Muitos negociadores receiam a *maldição do vencedor*, crendo que a outra parte irá alegre e imediatamente aceitar a sua proposta inicial. Para o evitar, fazem propostas absurdas. No entanto, não chegue à conclusão simplista de que pode fazer propostas absurdas e sair-se bem. Lamentavelmente, as propostas que vão muito além da *zona de possível acordo* (ZOPA) perdem o seu poder de âncora e conduzem ao *efeito de arrefecimento*, em que um negociador perde o interesse num acordo porque sente que a outra parte não está a negociar de boa fé; ou então ao *efeito bumerangue*, que ocorre quando uma proposta absurda atrai uma contraproposta igualmente absurda, muitas vezes por despeito. Por estas razões, a sua proposta ideal deve estar próxima dos termos-limite aceitáveis pela outra parte.

Estrategicamente falando, o seu nível de aspiração deve ser apenas *ligeiramente pior* (para a outra parte) do que aquilo que julga ser a *melhor alternativa para um acordo negociado* (MAPAN) da outra parte. A lógica:

ninguém irá aceitar a sua proposta inicial, por isso é inevitável fazer uma concessão. Logo, se começar com uma proposta que iguale os termos-limite aceitáveis pela outra parte, nunca lá chegará. É melhor, então, começar com um valor ligeiramente pior do que os *termos-limite aceitáveis pela outra parte*. Se a sua proposta inicial for bastante pior, criará um efeito de arrefecimento. Se for apenas ligeiramente pior, então entrará na área do *âmbito negocial* da outra parte. E, por definição, as propostas que entram nesta zona não são insultuosas.

5ª VERDADE

E se não fizer a proposta inicial?

Uma vez que sabe que a evidência científica apoia o negociador que faz a proposta inicial, pode chegar ao ponto de tapar os ouvidos quando se apercebe de que a outra parte está prestes a fazê-la.

Porém, não é sensato ignorar a outra parte quando esta está prestes a fazer-lhe uma proposta. Uma estratégia melhor é simplesmente recordar-se da sua própria proposta inicial antes de a outra parte fazer a dela.

> Preparar a sua proposta inicial é a sua melhor defesa.

No entanto, é costume a maioria não preparar a sua proposta inicial, sendo arrasada quando a outra parte é a primeira a abrir a negociação.

Eis alguns tópicos úteis para ter antecipadamente em conta:

- Se não preparou uma proposta inicial, não deveria estar na mesa das negociações. Lembre-se de que a sua proposta inicial é uma manifestação comportamental do seu nível de aspiração. Por isso, é essencial que prepare a sua proposta inicial.
- Se apresentar a sua proposta inicial como uma exigência, é melhor que esteja preparado para o efeito de arrefecimento ou o efeito bumerangue (abordados na 4ª Verdade, "O poder de fazer a proposta inicial"). Contudo, *pode* fazer a sua proposta num tom não imperativo. Veja como faço nas minhas negociações pessoais:

Tendo em mente como o vosso tempo é importante, preparei uma série de condições que seriam aceitáveis para mim. Compreendo, contudo, que terão certamente algumas ideias diferentes. Por isso, apresento esta série de propostas (que coloquei neste flip chart*) como ponto de partida para o que espero ser uma discussão mais abrangente. E, tendo isso em mente, estou muito interessada em ouvir as vossas ideias.*

Suponha que a outra parte tomou efectivamente a iniciativa antes de si e fez uma proposta inicial muito vantajosa para eles. Nesse caso, eu diria:

Obrigada por partilhar as suas ideias comigo. Também passei algum tempo a preparar uma série de condições que considero aceitáveis. Alerto-o desde já que as minhas condições são completamente diferentes das que apresentou. Contudo, tendo em mente o valor do seu tempo e para que possamos dar início às conversações, gostaria de partilhá-las consigo. Estou disponível para discutir todas as condições.

- O.k., ficou confuso. Todos ficamos uma vez por outra. Por isso, eis uma ideia: escreva sempre – e digo sempre – a sua proposta inicial. Se der por si sem conseguir falar, pode sempre puxar do seu bloco de notas ou virar o seu computador portátil, para partilhar as suas ideias. As âncoras funcionam bastante melhor se tomar nota delas. Assim, escreva a sua proposta inicial num *flip chart* ou num quadro. Desta forma, poderá continuar a apoiar-se nela durante a reunião.

6ª VERDADE

Não seja um negociador demasiado duro nem demasiado simpático

A maioria pensa que, para se negociar com êxito, é preciso ser-se duro ou competitivo. Isto faz com que muitos se sintam desconfortáveis, porque querem ser bem sucedidos nas negociações, mas não gostam de fazer o papel de duros. Assim, muitos optam por ser cooperantes, pois querem que o interlocutor goste deles e confie neles. Além disso, para ser franca, é mais confortável. Mas há um senão: normalmente estas pessoas têm um desempenho económico menos bom.

Alguns revelam uma faceta cooperante na simulação de negociações porque é uma atitude mais natural para eles, mas depois sentem-se "tolos" quando os seus resultados são fracos. Outros revelam exactamente o problema oposto. Não conseguem vislumbrar qualquer sensatez na cooperação, pelo que agem de forma bastante competitiva durante as negociações e depois questionam-se sobre a razão de ninguém gostar deles.

As eternas questões em torno das negociações são: "Devo ser duro e competitivo ou simpático e cooperante? Quero ser bem sucedido ou criar laços?"

Estou firmemente convicta de que a opção entre duro e simpático está *errada*. Não tem de escolher entre uma e outra. Para ser um negociador competente, precisa de ser fluente nas linguagens da cooperação e da competição. Analisemos os conceitos de "criação de valor" e de "reivindicação de valor" mais pormenorizadamente.[3]

- **Criação de valor** - Criar valor tem a ver com a negociação *win-win*. É o processo em que, quando se chega a acordo, todas as partes ganham. Para criar valor, precisamos de cooperar com as outras partes e trabalhar genuinamente focalizados nos seus interesses.

  A guru da Gestão Mary Parker Follett conta a história de duas irmãs que disputam uma laranja. Ambas são fortes, duras e ultracompetitivas, a ponto de o único acordo possível ser dividir a laranja ao meio. Uma delas espreme o sumo da sua metade para fazer sumo de laranja e deita fora a casca. A outra rala a casca da sua metade para fazer um bolo de laranja e deita fora o sumo. Na discussão que tiveram, negligenciaram uma solução *win-win* simples: uma poderia ter ficado com a casca de toda a laranja e a outra com o sumo todo. Quando se apercebem do erro que cometeram, o que sobrou da laranja já não dá para recuperar. Ao agirem de forma puramente competitiva, as "Irmãs Laranja" – das quais falaremos de novo em relação a outras verdades – transformaram uma negociação *win-win* fácil numa negociação *lose-lose**. Segundo Roger Fisher e Bill Ury, gurus da arte da negociação que escreveram o livro intitulado *Como conduzir uma negociação***, as duas irmãs apenas comunicaram as suas posições e não os seus interesses.

---

* **N. T.** Em que todos ficam a perder.

** **N. T.** Publicado em 2007 pela editora Lua de Papel. O título original é *Getting to Yes*.

- **Reivindicação de valor** – Ninguém quer ficar sem nada da laranja ou apenas com um gomo. É necessário fazer reivindicações numa negociação. Mas fazer reivindicações não é o mesmo que fazer exigências.

> Por vezes, ficamos tão empolgados com a criação de valor que nos esquecemos dos nossos limites. Assim, reivindicar valor tem a ver com a forma como os negociadores captam recursos para si e para as suas empresas.

A maioria acredita, erradamente, que a criação de valor (cooperação) e a reivindicação de valor (competição) são extremos opostos da mesma linha:

Competitivo -- Cooperante

Discordo. É possível ser-se simultaneamente competitivo e cooperante. A melhor situação negocial reside em ter um negociador que é cooperativo na forma como se relaciona com a outra parte, com vista a compreender e a explorar as questões e interesses, ao mesmo tempo que é suficientemente competitivo para reivindicar para si recursos que valoriza.

7ª VERDADE

Quatro obstáculos na negociação vista como um jogo de golfe

O meu pai joga golfe desde que me lembro. Ele tinha uma analogia com o golfe para praticamente todos os aspectos da vida. Da primeira vez que me levou a jogar, atirei a bola directamente para o obstáculo* do primeiro buraco. "Estive bem, pai?" "Não, não estiveste. É difícil sair dali. Tens de começar por ficar LONGE dos obstáculos."

Quando comecei a observar padrões no mau desempenho de pessoas brilhantes quando estavam à mesas das negociações, ocorreu-me pensar nessas dificuldades como os obstáculos no golfe. Cada mesa das

---

* **N. T.** *Sand trap* ou *bunker.*

negociações é semelhante a um campo de golfe: podemos não ter ainda jogado num campo igual àquele, mas todos têm armadilhas e convém sabermos onde estão.

> Se soubermos onde estão os focos dos problemas, estaremos em melhor posição para alcançarmos os nossos objectivos.

Se atirarmos a bola para um charco no primeiro buraco, podemos nunca mais conseguir recuperar.

Esta verdade estabelece quatro obstáculos. Já me deparei com qualquer deles e ficaria muito satisfeita se você os conseguisse evitar.

Obstáculo Nº1 : Deixar dinheiro na mesa

Este é o caso de uma negociação *lose-lose*. Como é lógico, negociação *lose-lose* é o oposto da negociação *win-win*. Por norma, estabelecem-se condições piores para ambas as partes numa em cada cinco negociações![4] Evidentemente, ambas as partes poderiam ter beneficiado com um acordo diferente.

Obstáculo Nº2: Aceitar um acordo muito pior do que aquele que poderia obter

Este segundo obstáculo é também conhecido como a *maldição do vencedor*. Analisemos, por exemplo, o caso de Ron, que esteve no Kuwait durante a Guerra do Golfo. Quando foi cumprir o serviço militar, Ron estava noivo e quis comprar à sua noiva um colar de ouro antes de regressar aos Estados Unidos. Descobriu o colar perfeito numa joalharia do Kuwait. O preço era de cerca de 600 dólares. Ron ofereceu ao comerciante 300 dólares. "Vendido!", disse o comerciante de imediato, completamente radiante. Ron ficou orgulhoso da sua capacidade para fechar um negócio tão bom. Mas o comerciante estava pleno de felicidade e ainda lhe ofereceu um par de brincos a condizer com o colar. O orgulho de Ron transformou-se em arrependimento. Ele tinha sido vítima da maldição do vencedor, que ocorre quando a primeira proposta de um negociador é imediatamente aceite pela outra parte, dando indícios de que a oferta foi demasiado generosa.

Quando Ron se apercebeu de que tinha sido vítima da maldição do vencedor, compreendeu que seria complicado voltar com a palavra atrás. O comerciante já tinha colocado o colar e os brincos numa bonita caixa, abraçando-o e desejando-lhe "um casamento muito feliz!"

(26) A Verdade Sobre a Negociação

Obstáculo Nº3: Abandonar a mesa das negociações
Este é o problema do "excesso de confiança". Os negociadores que se mostram tão orgulhosos que abandonam a mesa das negociações em grande estilo, mesmo quando não têm outras opções atractivas, estão por norma a fazer *bluff*. Falta-lhes bom senso para engolir o orgulho e regressar à mesa.

Já encontrei vários negociadores com este problema. Normalmente "cavam as suas próprias sepulturas" porque, depois de terem feito uma proposta de "pegar ou largar", são incapazes de suportar a ideia de ficarem desacreditados se voltarem à mesa das negociações. Poderá argumentar que é importante mostrar tenacidade e determinação ao interlocutor. No entanto, granjear a reputação de ser duro e inflexível não lhe é muito benéfico na mesa das negociações. Com efeito, a reputação de negociador intransigente pode trazer-lhe uma série de desfechos indesejáveis – a título de exemplo, os seus interlocutores irão tratá-lo com muito mais desconfiança e ser muito mais intransigentes do que normalmente são. Num recente estudo sobre como a reputação de regateador pode afectar a forma como os outros o tratam, Cathy Tinsley da Universidade de Cornell chegou à conclusão que "os duros ficam a perder", o que significa que se negoceia mais agressivamente com quem tem fama de dureza e inflexibilidade.[5]

Obstáculo Nº4: Chegar a um acordo que lhe é menos favorável do que a situação actual
Chamo-lhe o "enviesamento para o acordo". Emprego-o para me referir ao negociador que está tão desesperado por um acordo que esquece, literalmente, que tem uma melhor alternativa, aceitando a oferta no calor do momento.

A título de exemplo, se eu tiver actualmente uma oferta de 300 mil dólares pela minha casa e a melhor oferta que me faz for de 295 mil dólares, não será do meu interesse chegar a acordo consigo, assumindo que todos os outros termos do acordo são iguais.

Contudo, muitas vezes os negociadores são apanhados no calor do momento. De facto, quando nos sentamos à mesa das negociações e investimos na criação de uma relação, é frequente sentirmo-nos mal se voltarmos atrás. Ou seja, os negociadores muitas vezes acabam por aceitar propostas menos favoráveis.

Para evitar situações destas, escreva num papel os termos-limite que está disposto a aceitar, para poder consultá-lo antes de aceitar uma proposta. Obviamente, a sua escrita deve estar codificada, para que, caso o seu interlocutor a veja, não pareça mais do que uma lista de compras de supermercado.

8ª VERDADE

O seu sector é único
(e outros mitos)

Descobri que há poucas diferenças nos processos de negociação, seja qual for o sector.

Mito nº 1: O seu sector é único
Independentemente do sector, os negociadores têm questões específicas que são importantes para eles. A título de exemplo, um comprador de uma casa poderá focalizar-se no preço, na data-limite e nas condições de financiamento. Uma editora poderá focalizar-se na taxa de *royalty*, nas licenças, na propriedade do *copyright* e no número de exemplares gratuitos para o autor. O principal aspecto para estes negociadores não diz respeito às *nuances* associadas às datas-limite e às taxas de *royalty*, mas mais ao facto de ambos se importarem com determinadas questões e poderem ou não estar dispostos a fazer concessões relativamente a elas. Da mesma forma, tanto o comprador de uma casa como a editora poderão ter um ponto-limite e poderão estar inclinados a fazer ameaças. As semelhanças entre negociações em diferentes sectores ultrapassam de longe quaisquer diferenças.

Eis uma analogia. Suponha que o seu filho disse: "Quero aprender a jogar às cartas e preciso de saber a 'matemática das cartas'. Podes ensinar-me?" Mais tarde, nessa noite, o seu filho pede-lhe: "Podes ensinar-me a matemática do basquetebol para perceber as pontuações dos jogadores?". Depois, à hora de se deitar, diz: "Quero entender a matemática das guloseimas para saber contar o troco quando comprar gomas".

O leitor provavelmente dirá: "Tenho boas notícias: não há diferenças entre a matemática das cartas, do basquetebol e das guloseimas. Aliás, não há qualquer diferença entre a matemática aplicada às compras numa mercearia, a um livro de cheques ou a uma sobremesa. Matemática é matemática. Há algumas regras-chave e cálculos a que podes recorrer sempre que jogues póquer, analises as pontuações do basquetebol ou compres chupa-chupas. Assim que souberes as regras, podes aplicá-las em qualquer contexto".

> Negociação é negociação. Os princípios científicos aplicam-se a todas as negociações da vida, desde os assuntos mais íntimos aos mais económicos.

Por outras palavras, ao negociar com um responsável pela concessão de empréstimos pode recorrer aos mesmos princípios que usa com um colega ou parceiro.

O facto de todas as negociações (seja com empregadas domésticas ou com autoridades financeiras de Wall Street) terem semelhanças previsíveis é uma boa notícia. Porquê? Significa que há uma ciência para a negociação e, assim que o código for conhecido, podemos usar as nossas competências a qualquer hora, com qualquer pessoa.

Além disso, poderá começar na consultoria, mudar para a banca e terminar no governo. Devido às semelhanças entre os tipos de negociação, não terá de reinventar-se constantemente – pelo menos como negociador.

Existem mais três mitos que quero clarificar, para que estejamos todos sintonizados.

Mito nº 2: As pessoas do mundo dos negócios só se interessam por dinheiro

Isto é falso. As pessoas ligadas aos negócios procuram maximizar a sua utilidade. É o que fazem também os professores, os estudantes, os compradores de casas, os pais, os filhos, os parceiros e os lutadores profissionais. A sua utilidade não equivale ao dinheiro que tem. A sua utilidade representa a sua satisfação global numa determinada situação. Quando negoceio com o meu filho ou com alguém de quem gosto, quero também que ele fique feliz. Assim, a felicidade dele é parte integrante da minha utilidade e quando negoceio com ele procuro maximizar a minha utilidade, que inclui o bem-estar de nós os dois. Os vendedores que primam pela excelência sabem que os clientes são valiosos, por isso parte da sua utilidade consiste em agradar ao cliente.

Mito n° 3: Mantenha sempre um rosto de póquer: nunca revele o que quer que seja

Isto também é falso. Falaremos pormenorizadamente sobre isto mais adiante. Mas, por agora, pense apenas como as Irmãs Laranja referidas anteriormente mantiveram rostos de póquer e nunca revelaram os seus interesses. E veja o que lhes aconteceu!

Mito n° 4: Nunca apresente a primeira proposta

Uma vez mais, isto é falso. Não há uma única investigação científica publicada que sustente este conselho, seja de que forma for. Desafio-o a encontrar quaisquer provas científicas que o façam. No entanto, muitos estudos sustentam o bom senso de apresentar a primeira proposta.

(2)
Da 9ª verdade à 17ª verdade

Neste capítulo, vai aprender:

- a tirar partido do MAPAN;
- a determinar o seu ponto de resistência;
- a explorar a sua ZOPA.

9ª VERDADE

Identifique a sua MAPAN*

Há alguns meses, eu e o meu marido cometemos um erro grave ao permitirmos, impensadamente, que os nossos dois filhos (de 10 e 11 anos) se inscrevessem em equipas de basquetebol itinerantes. Na altura, não avaliei o significado literal da palavra "itinerância", mas depressa descobri que, durante dez fins-de-semana seguidos, toda a família andaria em viagem e assistiria aos torneios em pavilhões malcheirosos por toda a região do *Midwest*. Além disso, como os jogos dos mais jovens começam sempre a uma hora terrível – oito da manhã -, tornou-se necessário passar a noite da véspera num hotel. Assim, as nossas contas de hotel começaram a aumentar perigosamente.

Em determinada ocasião, toda a equipa teve de viajar para o Wisconsin por duas noites. Assim que percebi que todas as famílias dos jogadores da equipa estavam na mesma situação que eu, tive consciência de que estava numa posição de negociação potencialmente poderosa para negociar blocos de quartos com os hotéis.

Foi assim que comecei a minha pesquisa. Fiz uma folha de Excel de todos os hotéis existentes num raio de 15 quilómetros do pavilhão. No topo da minha lista estava o Holiday Inn, que tinha um parque aquático para crianças. (Nenhum dos outros hotéis das imediações o tinha, pelo que este foi claramente a minha primeira escolha). Telefonei ao gestor de eventos e pedi-lhe um bom preço por este bloco de quartos. Regra geral, os preços dos quartos estavam bastante acima dos 200 dólares por noite.

Quando descobri o Holiday Inn com o parque aquático, já tinha uma opção de recurso, mas não era atractiva. O Comfort Inn não era tão bonito como o Holiday Inn, mas era barato. No entanto, não tinha qualquer "atractivo para as crianças" (o que, potencialmente, significava que os pais seriam forçados a tratar de toda a questão do entretenimento). O Comfort Inn era a minha melhor alternativa para negociar um acordo com o Holiday Inn[6]. Assim, o Comfort Inn era a minha MAPAN! Ter uma MAPAN ajudou-me a alavancar o meu poder de negociação com o Holiday Inn, onde conseguimos um preço *muito* bom.

---

* **N. T.** Melhor Alternativa Para um Acordo Negociado.

Há algum tempo, um amigo veio ter comigo à procura de conselhos. A nossa conversa foi mais ou menos como se segue:

Amigo: "Estou contente porque a empresa X me fez uma proposta de trabalho, mas a oferta não é tão boa quanto isso. Quero um salário mais elevado, melhores benefícios, um bónus de entrada e despesas de deslocação. Todos os meus amigos têm isso."
Eu: "O que vais fazer se eles não melhorarem a proposta?"
Amigo: "O que queres dizer com isso?"
Eu: "Quantas mais propostas de trabalho é que tens?"
Amigo: "Apenas esta. Mas é uma boa empresa!"
Eu: "Já ouviste falar da MAPAN? A tua fonte de poder principal numa negociação é a tua capacidade de abandonares a negociação, a qual depende da tua MAPAN. É o poder de ter alternativas."
Amigo: "Não tenho uma MAPAN!"
Eu: "Calma. Tu tens uma MAPAN. Temos sempre uma MAPAN. Aquilo que estás a dizer é que não gostas da tua MAPAN. Não a achas atractiva. Mas tens uma."

Aquilo que eu quis dizer com "Temos sempre uma MAPAN" é que iremos sempre fazer alguma coisa se não conseguirmos chegar a acordo com a outra parte, mesmo que isso signifique ficar desempregado, sem casa ou ir à falência. É claro que estes são casos extremos.

> Na maioria das negociações, temos algumas alternativas que poderão não ser ideais, mas que são admissíveis.

Voltando ao meu amigo, a MAPAN dele era prolongar a sua procura de emprego de forma probabilística. Optou por não aceitar a proposta da empresa X, porque estava optimista que alguma empresa Y acabaria por lhe fazer uma proposta melhor.

Da mesma forma, um vendedor de casas pode rejeitar uma oferta baixa de um comprador pouco cooperante, na esperança de que o futuro lhe traga uma melhor proposta.

(34) A Verdade Sobre a Negociação

Por último, regressando ao assunto da negociação com o hotel: se as minhas negociações com o Holiday Inn não tivessem resultado numa oferta mais atractiva do que aquela que o Comfort Inn me tinha feito, eu teria abandonado a mesa das negociações.

10ª VERDADE

Ela está viva! Melhore constantemente a sua MAPAN

Pense na sua MAPAN como uma planta ou um animal de estimação de que gosta muito: alimenta-o, dá-lhe água. As MAPAN precisam de cuidados e atenção para florescerem. Se deixar de cuidar delas, morrem.

A sua MAPAN está em constante mudança. Enche e vaza. Independentemente da atitude que tome, não seja passivo em relação a isso. Por exemplo, imagine a vendedora de uma casa que de momento tem três ofertas em cima da mesa. Óptima MAPAN, poderá pensar. Mas, daqui a três dias, o crédito bancário pode ser recusado a um comprador, outro poderá não conseguir a prevista transferência de empresa e desistir da compra e o terceiro poderá encontrar uma casa mais atractiva. Assim, de um momento para o outro, as MAPAN da vendedora esfumaram-se. Nestas circunstâncias, eu aconselharia a vendedora a agendar uma data em que permita visitas a qualquer hora*, a colocar um anúncio a cores na imprensa e a avançar com uma pintura da casa. Mesmo que um vendedor tenha três ofertas em mãos, é recomendável que continue a estabelecer contactos até o acordo estar assinado, selado e concretizado.

Já vi demasiados negociadores negligenciarem as suas MAPAN antes de terem um acordo definido. O potencial comprador de uma casa poderá apaixonar-se pela segunda casa que vê e recusar-se a ver mais alguma. Um recrutador de emprego poderá cancelar as restantes entrevistas assim que lhe surja um candidato que preencha os requisitos. Descartar prematuramente a sua MAPAN reduz fortemente o seu poder.

A maneira mais segura de melhorar o seu resultado e alavancar o seu poder em qualquer negociação é aumentar a atractividade da sua MAPAN.

---

* **N. T.** No original, open house.

> Por exemplo, para dar início a uma guerra de propostas, um vendedor deverá ter vários compradores a competirem pelo seu produto ou serviço.

Da mesma forma, o comprador de um automóvel novo poderá levar vários vendedores a competirem entre si, solicitando a cada um deles que iguale ou cubra os preços propostos pelos restantes.

Dito isto, não defendo que se instiguem guerras de propostas. Quando os negociadores usam as suas MAPAN de forma ameaçadora, isso cria mal-estar. O que fazer em vez disso? Em primeiro lugar, faça uma lista das suas opções por ordem de atractividade. Suponha que é candidato a um emprego e que quatro empresas lhe apresentaram propostas: empresa W, empresa X, empresa Y e empresa Z. Até agora, a empresa W é a que mais lhe agrada, mas as outras opções estão praticamente em pé de igualdade. Por mais tentador que seja dar início a uma guerra de propostas, eu evitá-la-ia. Em vez disso, aconselho uma abordagem junto da empresa W do tipo:

Se me fizer uma proposta que inclua A, B e C, aceitarei imediatamente sem pedir mais nada. Mas se não conseguir oferecer-me estes termos, precisarei de mais tempo para decidir. Por favor, compreenda que continuo interessado na proposta e que até poderei decidir aceitá-la.

O que me agrada nesta estratégia é que o seu interlocutor fica seguro de que você não vai dar início a uma guerra de propostas e que pode fechar acordo consigo naquele preciso momento.

A melhor forma de melhorar a sua MAPAN é explorar completamente todas as linhas de acção possíveis.

A título de exemplo, pense naquele meu amigo que tinha uma proposta de trabalho abaixo do óptimo da empresa X. Ele poderá listar as suas alternativas da seguinte forma:

- Continuar à procura de emprego. (Soube mais tarde que o meu amigo teve uma segunda ronda de entrevistas em duas empresas, ficou na *short-list* de três outras e tinha mais entrevistas marcadas. Com base nisto, ele percebeu que havia 80 por cento de probabilidades de receber uma proposta de trabalho de uma outra empresa no período de três semanas.)

- Trabalhar para um professor numa base temporária. (Ele tinha recebido um convite de um professor de Contabilidade para trabalhar num projecto de curto prazo que não era muito bem remunerado, mas que era recompensador e prestigiante.)
- Virar hambúrgueres. (Isto poderá parecer uma piada, mas todos devemos estar abertos a várias linhas de acção).

O meu amigo classificou as suas alternativas por ordem de atractividade (em termos de utilidade para ele). De todas as opções, estava mais inclinado a prolongar a sua procura de emprego e decidiu focalizar-se nas entrevistas de emprego que iria ter.

Os negociadores competentes mantêm sempre as suas alternativas em aberto e tentam melhorar a sua situação com base nelas.

11ª VERDADE
Não revele a sua MAPAN

"Por que razão é tão mau revelar a minha MAPAN?", poderá interrogar-se. Assim que revelar a sua MAPAN*, a outra parte deixa de ter incentivo para lhe fazer uma proposta melhor do que a sua MAPAN. Considere o seguinte cenário:

Vendedor de casa: "A minha casa está avaliada em 250 mil dólares. Um outro comprador fez uma oferta, mas apenas de 175 mil dólares, que é um valor muito baixo. Gostaria de lhe propor algo entre os 225 mil e os 240 mil dólares".

Comprador de casa: "A sua casa é linda. No entanto, tenho que ter em conta os meus condicionalismos financeiros. Posso fazer-lhe uma oferta de 176 mil dólares em dinheiro e fechamos negócio quando lhe for possível".

Se pressentiu algo de errado na abordagem do vendedor da casa, tem toda a razão. O vendedor revelou a MAPAN ao seu interlocutor. Além disso, a MAPAN era relativamente pouco atractiva. Assim que o potencial comprador da casa ficou na posse desta informação, não teve qualquer

---

* **N. T.** Melhor Alternativa Para um Acordo Negociado

incentivo para oferecer ao vendedor um valor muito acima da sua MA-PAN, conforme ilustrado neste exemplo. Assim que revela a sua MAPAN, a outra parte tem-no na mão.

Pode ter a certeza que os seus interlocutores vão procurar saber informações sobre a sua MAPAN de mil e uma formas. Vão espicaçá-lo, questioná-lo e provocá-lo. É melhor assumir o papel de um agente da CIA que jurou nunca revelar a sua MAPAN para não comprometer a segurança da nação.

Existem casos especiais em que faz sentido revelar a sua MAPAN? Só consigo vislumbrar dois.

- As negociações estão num impasse, sendo esta a sua última oportunidade de fazer alguma coisa antes que seja tarde de mais. Passou todo o dia a negociar e não chegou a lado algum. Se não chegar a acordo, irá perder o avião de regresso a casa. Antes de sair porta fora, deve considerar a hipótese de revelar a sua MAPAN. Existe a possibilidade de a outra parte a aceitar ou até melhorá-la.
- Tem uma MAPAN fantástica e já se daria por contente se a outra parte a igualasse ou a melhorasse ligeiramente. Mas se decidir revelar a sua MAPAN, esteja ciente disto: não irá receber uma proposta significativamente melhor por parte de qualquer negociador racional.

Estas situações são muito raras. Se for como eu, não quer apenas que a outra parte iguale a sua MAPAN – quer que o seu interlocutor pense que a sua MAPAN é mais atractiva do que na realidade é, de forma que ele faça uma proposta substancialmente melhor. Assim sendo, não revele a sua MAPAN, a menos que tenha necessariamente de o fazer. E, mesmo nestas circunstâncias, seja prudente.

> Assim que revela a sua MAPAN, a outra parte tem-no na mão.

12ª VERDADE

Não minta acerca da sua MAPAN

A MAPAN é a sua melhor fonte de poder numa negociação. E já o alertei para nunca a revelar. Isto poderá levar a uma tentação muito comum: por que não mentir acerca da minha MAPAN, para poder pedir uma fatia maior do bolo?

(38) A Verdade Sobre a Negociação

A título de exemplo, suponha que concebo um plano para conseguir um aumento salarial substancial: vou dizer à chefia que tenho uma proposta fantástica de outro empregador numa outra cidade (sendo tal uma mentira completa) e que, para me manter na empresa actual, esta deve igualar essa proposta ou superá-la. Agora, tente convencer-me a desistir deste plano fraudulento!

Poderá tentar fazê-lo, dizendo: "Seguramente que vai arruinar a sua reputação se mentir. É um mundo pequeno e o seu chefe provavelmente vai descobrir que está a mentir. Nunca mais confiará em si. Vão deixar de a respeitar no seu local de trabalho." "Não é importante ter alguma integridade?" "Gostava que alguém lhe mentisse desta forma? Não teria vontade de o despedir?"

Ok, estou a começar a ver a luz. Tentar ludibriar o meu chefe parece uma ideia muito pouco aceitável do ponto de vista ético. Existem mais razões para não avançar com o meu plano?

> Existem três grandes razões para nunca mentir acerca da sua MAPAN.

Poderá dizer-me: "Suponha que o seu chefe cai no seu *bluff* e lhe diz 'Parabéns pela proposta. Estamos orgulhosos de si e vamos sentir a sua falta. Tenho a certeza que vai gostar do novo emprego'".

Oh meu Deus, tem razão, uma vez mais. Se eu mentir acerca da minha MAPAN, o meu interlocutor poderá acreditar em mim e depois vou ver-me em apuros para salvar a face: "Bom, chefe, ainda não decidi aceitar a oferta e, pensando nisso, os meus filhos gostam da escola que frequentam e não quero sujeitá-los ao trauma de uma mudança. Por isso, esqueça".

Ok, quase me convenceu a não mentir. Há mais algum argumento?

Nesta altura, diz-me: "Tem consciência de que podem metê-la em tribunal por prestar falsas declarações?" Mostra-me o regime legal aplicável a esta matéria e explica-me que, se o meu chefe chegar a um acordo comigo com base em falsas declarações da minha parte, posso ser processada.

Em suma, existem três grandes razões para nunca mentir acerca da sua MAPAN.

- Ética/moral – se não se comportar dessa forma incentivará os outros, implicitamente, a comportarem-se da mesma maneira, o que cria uma sociedade corrupta. Além disso, vai arruinar a sua reputação.

- Salvar a face – tal como no póquer, alguém pode pedir-lhe, a qualquer momento, para mostrar o jogo. Nas negociações existem muitos indícios ou sinais de que alguém está a mentir.
- Legal/contratual – prestar falsas declarações (como dizer que tem outra proposta de trabalho ou outra oferta para a sua casa, mas que na realidade não existe) é um acto passível de instauração de um processo ou acção legal.

13ª VERDADE

Mostre que tem uma MAPAN

Já deve ter reparado num dilema relacionado com a MAPAN: "Não posso dizer a verdade sem ser completamente ludibriado e não posso mentir sem sofrer custos morais, estratégicos e legais. O que é que me aconselha?"

Para piorar as coisas, as outras partes muitas vezes perguntam directamente pela sua MAPAN. "Já teve outras ofertas?". De igual modo, o comprador de uma casa pode perguntar aos vendedores: "Há alguém interessado na vossa casa?" E um fornecedor pode lançar um engodo a um director de compras, perguntando: "Tem outros fornecedores deste produto?"

Assim sendo, o que deve fazer quando lhe perguntam qual é a sua MAPAN?

Em primeiro lugar, há duas coisas que não deve fazer.

- Não ignore a pergunta, na esperança de ser esquecida. Não será.
- Não dê a volta à pergunta, dizendo: "Revelo-lhe a minha se me revelar a sua".

Em vez disso, mostre à outra parte que tem uma MAPAN, mas sem a revelar: "Se quer saber se eu tenho planos de acção alternativos, a resposta é sim. Contudo, certamente compreenderá por que não posso discuti-los consigo neste momento".

> Mesmo que tenha uma oferta de emprego tentadora, continue a ir a entrevistas e a sessões de recrutamento!

(40) A Verdade Sobre a Negociação

Eis outra estratégia de que gosto ainda mais, que pode ser aplicada quando uma empresa interessada numa candidata a emprego lhe pergunta quantas propostas é que recebeu: "Tenho 80 por cento de hipóteses de receber uma proposta de uma empresa da lista *Fortune 100* nas próximas duas semanas. Tenho três segundas entrevistas agendadas e estou na *short list* de oito outras empresas. Tenho também duas entrevistas por telefone esta semana e cinco sessões de recrutamento para breve."

Lendo nas entrelinhas, torna-se claro que esta candidata a emprego não possui outra oferta de trabalho, mas está a mostrar que a sua MAPAN está a ser activamente regada e fertilizada e que está a desabrochar a toda a força. Claro que defendo que se digam estas coisas apenas se forem verdade. Isto, mais uma vez, destaca a importância de não descartar as suas alternativas prematuramente. Mesmo que tenha uma oferta de emprego tentadora, continue a ir a entrevistas e a sessões de recrutamento!

A vantagem de mostrar que tem uma MAPAN é que, quando diz coisas como "tenho X por cento de hipóteses de a situação Y acontecer", não se trata de um facto material. É uma probabilidade subjectiva.

Não mostre a sua MAPAN para ameaçar a outra parte. Em vez disso, dê sinais de que ela existe nas seguintes situações:

- A outra parte desafia-o directamente ("Tem outras ofertas de emprego?")
- A outra parte está a subestimar fortemente as suas alternativas.
- A outra parte está a trabalhar com informação falsa a seu respeito, que você quer rectificar.
- A outra parte tem estado a desvalorizá-lo e você pretende mostrar que ela tem de melhorar o valor das suas propostas rapidamente.

14ª VERDADE

Pesquise as MAPAN do seu interlocutor

Se os seus pés são a sua principal fonte de poder numa negociação, não se esqueça que a outra parte também tem pés.

Fico surpreendida com a pouca pesquisa que os negociadores fazem sobre a outra parte.

> Os negociadores ficam tão absorvidos pelas suas próprias MAPAN que muitas vezes não pensam estrategicamente sobre quem está do outro lado da mesa.

Isto causa-me ainda mais perplexidade na medida em que há tantos dados disponíveis – muitas vezes públicos – acerca da outra parte.

No meu primeiro emprego, auferia um salário bastante baixo. "Está tudo bem – estou a fazer o que realmente interessa", dizia para comigo. Felizmente, um colega meu deu-me a entender que talvez eu estivesse a ser mal paga. Os salários são uma questão do domínio público nos empregos estatais ou federais. Por isso, fui à biblioteca e passei várias horas a descobrir exactamente quanto é que toda a gente recebia. De seguida, analisei um pouco mais os salários, com base no sexo, anos de experiência, área de estudos e assim por diante. Fazendo uso dessa informação, criei mapas e gráficos e posicionei-me neles, segundo vários critérios de comparação, incluindo o desempenho. Depois, marquei uma reunião com o meu chefe. Tive um aumento em menos de duas semanas.

Se não analisar bem a sua situação, poderá pressupor erradamente que a MAPAN da outra parte é melhor do que realmente é, o que o colocará numa posição de fraqueza. Além disso, se se concentrar unicamente na sua MAPAN, ficará ancorado nela. Mesmo que não descubra dados relevantes acerca da MAPAN da outra parte, só o facto de pensar na MAPAN do outro já melhora significativamente o seu resultado.[7]

Eis o que DEVE e NÃO DEVE fazer em relação às MAPAN:

- NÃO revele a sua MAPAN, excepto em circunstâncias especiais.
- FAÇA a maior pesquisa possível acerca da MAPAN da outra parte.
- NÃO se envolva em guerras de propostas, mas TENTE melhorar continuamente a sua MAPAN.
- NÃO minta acerca da sua MAPAN.
- MOSTRE à outra parte que tem alternativas muito atractivas.

(42) A Verdade Sobre a Negociação

15ª VERDADE

Determine o seu ponto de resistência

Há alguns anos, decidi vender a minha casa. Tentei pôr em prática o que ensinava nas minhas aulas: criar uma MAPAN atractiva, determinar um objectivo atingível (nível de aspiração) e assim por diante. Contudo, isso não alterou a dura realidade de não ter uma oferta pela minha casa!

Para piorar as coisas, cometi o grave erro de contar aos meus amigos o meu fracasso. A partir daí, eles retiravam diariamente um certo prazer em torturar-me com perguntas sobre a casa. "Então, qual é a tua MAPAN?" À medida que os dias se arrastavam e eu continuava sem receber uma oferta, ouvia coisas como: "Posso emprestar-te um bom livro!"

Um dia fui para o trabalho com a fotografia de uns rapazes bêbedos, pertencentes a uma comunidade estudantil, no ecrã do meu computador portátil. Estavam rodeados de garrafas vazias e demais parafernália para festas. Um murmúrio percorria o escritório. Ter-me-ia eu esquecido de mudar a minha protecção de ecrã depois de umas férias loucas? Estaria eu com uma crise de meia-idade?

"Eis a minha MAPAN", anunciei solenemente. Olhares vazios. Expliquei que na eventualidade de não ter uma oferta pela minha casa, o meu passo seguinte seria arrendá-la – a estes "borguistas". Descrevi os indivíduos na fotografia como sendo estudantes universitários que estavam a tirar os seus cursos no sistema *pass-fail**. Os meus colegas ficaram preocupados: "Não irão estes 'jovens' destruir a tua casa?" Gerou-se um debate acerca dos riscos e benefícios de uma caução contra danos. A seguir, fui bombardeada com mais perguntas: "Estes indivíduos irão concordar em deixar que tenhas mediadores imobiliários a mostrar a casa?" Isto levou a um debate acerca da conveniência de assegurar uma cláusula contratual que envolvesse uma definição clara acerca das horas a que a casa poderia ser mostrada a potenciais compradores. De seguida, a discussão centrou-se na possibilidade de os vizinhos se irritarem com a música alta, de o meu nome ir parar aos relatórios das queixas à polícia e afins.

---

* **N. T.** Sistema utilizado nalgumas instituições de ensino em que apenas se indica se o aluno foi aprovado ou se reprovou, em vez de lhe ser atribuída uma classificação numérica ou uma letra - como é costume nos países anglo-saxónicos.

Por fim, alguém disse: "Então, qual é o preço mínimo que posso oferecer-te pela tua casa?" Em suma, qual é o equivalente monetário da minha MAPAN? Por outras palavras, mesmo que as suas MAPAN – como os "borguistas", no meu caso – sejam desorganizadas, subjectivas e psicológicas, temos de ser capazes de lhes atribuir um valor monetário; de outro modo, não poderemos comparar alternativas de forma quantitativa.

Dado que atribui um valor a coisas subjectivo-emocionais, tais como o meu tempo, paz de espírito, harmonia conjugal, relacionamento com os vizinhos e ausência de conflitos, consegui chegar a um número. Um cêntimo a menos significaria que eu preferia arrendar do que vender. Um cêntimo a mais significaria que eu preferia vender do que arrendar. Esse ponto de indiferença é o meu *ponto de resistência*.

> Ponto de resistência é aquilo a que os negociadores chamam o seu "ponto-limite".

Uma outra pessoa que esteja a vender a minha casa, com a mesma MAPAN, poderá ter um ponto de resistência diferente, porque tem um sistema de valores diferente, uma atitude diferente face ao risco e assim por diante.

Assim, a beleza do ponto de resistência é que este quantifica valores subjectivos.

Lição a reter: depois de identificar a sua MAPAN, converta-a num ponto de resistência.

Lembre-se do meu amigo que estava à procura de emprego. Digamos que ele determinou o montante mínimo que a empresa X lhe deveria oferecer de forma a que lhe fosse indiferente aceitar a oferta ou rejeitá-la e ampliar a sua busca de emprego. Esse montante seria o seu ponto de resistência.

16ª VERDADE

Cuidado com a miopia ZOPA

Agreguemos tudo o que aprendeu até agora. Se eu tenho uma MAPAN, você também tem. Se eu tenho um ponto de resistência, você também tem. Assim, a questão mais importante é saber se há um intervalo positivo entre o seu ponto de resistência e o meu.

(44) A Verdade Sobre a Negociação

A *zona negocial* corresponde ao intervalo entre o seu ponto de resistência e o meu. A *Zona de Possível Acordo*, ou ZOPA, representa o intervalo entre o máximo que o comprador está disposto a pagar e o mínimo que o vendedor está disposto a aceitar.

> A *Zona de Possível Acordo*, ou ZOPA, representa o intervalo entre o máximo que o comprador está disposto a pagar e o mínimo que o vendedor está disposto a aceitar.

Penso sempre na ZOPA como sendo uma "pista de dança". Vislumbro dois negociadores a dançar, cada um a tentar conduzir o outro para o ponto de resistência da outra parte. É possível que não haja espaço na pista de dança, o que significa que o máximo que um comprador está disposto a pagar é menos do que o mínimo que um vendedor está disposto a aceitar. É também possível que a pista de dança seja do tamanho de um campo de futebol.

O erro mais comum que se comete é pressupor que a zona negocial é muito mais pequena do que na realidade é. É aquilo a que chamo *miopia ZOPA*. A miopia ZOPA ocorre frequentemente porque as pessoas estão presas aos seus próprios pontos de resistência.

Na maior parte das vezes, não sabemos a verdadeira dimensão da ZOPA. Contudo, sente-se frequentemente o "arrependimento do comprador", que ocorre quando a sua proposta inicial é aceite com agrado. De igual modo, os vendedores sentem muitas vezes pesar quando os preços que pedem são imediatamente pagos em numerário pelos compradores. Para ter uma perspectiva da zona negocial, pense no exemplo de um orador profissional.

Em representação de uma grande associação, perguntei a um orador quanto é que ele cobrava para comparecer na nossa convenção anual. O orador disse-me que o fazia no mínimo por dez mil dólares, mas que desejava 15 mil dólares. Desta forma, eu sabia o ponto de resistência do orador e o preço que ele desejava. Testei-o relativamente ao seu ponto de resistência: ele viraria costas ao negócio se o potencial cliente lhe oferecesse 9.500 dólares? Respondeu que sim.

Para que a nossa análise seja explícita, suponha que temos a mesma informação acerca da organização contratante. A associação esperava pagar ao orador cinco mil dólares, mas, na realidade, estava disposta a ir até aos 12 mil dólares, dado que queria confirmar o programa da convenção no prazo de 48 horas.

O gráfico que se segue representa a ZOPA ou o intervalo entre os pontos de resistência das partes:

| 4 mil | 6 mil | 8 mil | 10 mil | 12 mil | 14 mil | 16 mil |

ZOPA = 2 mil

Neste exemplo, a ZOPA é positiva; há uma zona negocial de dois mil dólares entre os dez mil que são o mínimo que o orador aceita e os 12 mil correspondentes ao máximo que a organização está disposta a pagar. Contudo, há um fosso entre as *propostas* que as partes estão a fazer, com o orador a pedir 15 mil dólares e a associação a propor cinco mil. Mas o verdadeiro potencial de negociação está no que é deixado por dizer: os pontos de resistência das partes.

É óbvio que o orador gostaria de saber que a associação estaria disposta a pagar 12 mil dólares; e é claro que a associação gostaria de saber o ponto de resistência do orador. Porém, nenhuma das partes irá revelar abertamente o seu ponto de resistência.

É claro que ninguém, a não ser um mediador neutro ou uma terceira parte, teria alguma vez a informação precisa acerca do ponto de resistência da outra parte, mas a questão mantém-se: há uma pista de dança e muitas vezes faz sentido as duas partes dançarem até ao acordo, em vez de fazerem uso das suas MAPAN (rejeitarem o acordo e optarem cada uma pela sua melhor alternativa).

17ª VERDADE

Estabeleça aspirações optimistas, mas realistas

Embora seja importante ter uma MAPAN, existe o risco de se focalizar tanto nela e no seu ponto de resistência que acabe por aceitar o primeiro acordo que se revele mais atractivo do que a sua MAPAN ou melhor do que o seu ponto de resistência. Em vez disso, deve aguardar por um acordo muito mais atractivo, mais próximo do seu nível de aspiração.

A sua MAPAN indica-lhe quando deve *sair*, não quando *assinar*.

(46) A Verdade Sobre a Negociação

Se aceitar a primeira proposta que ultrapassa a sua MAPAN, terá sido vítima da síndrome "subaspiracional" do negociador. O primeiro sintoma: sente-se maravilhosamente bem por ter conseguido um acordo. Sente que a zona negocial não dá grande margem de manobra e, por isso, sente-se com sorte só pelo facto de ter alcançado um acordo. No entanto, quando mais tarde percebe a *verdadeira* dimensão da zona negocial, o seu entusiasmo poderá dar lugar à decepção.

Aquilo de que precisa é de um *nível de aspiração*. Um nível de aspiração representa o equivalente monetário do seu conjunto de termos ideal. Suponha que está a vender a sua casa. Poderá dizer-me que o seu ponto de resistência é de 250 mil dólares (e a sua casa está avaliada em 275 mil). Pergunto-lhe se esse valor representa um conjunto favorável de termos. Quero que seja optimista, mas realista. Poderá então dizer que 275 mil dólares seria atractivo e realista, porque foi a esse preço que as casas com características e dimensões semelhantes foram vendidas no seu bairro. Esse é o seu nível de aspiração! Aquele com quem vai negociar terá também, independentemente de estar ciente disso ou não, um nível de aspiração. É por isso que é importante que conheça o seu.

> A sua MAPAN indica-lhe quando deve *sair*, não quando *assinar*.

Precisa de estabelecer o seu nível de aspiração *antes* de entrar em negociações. Não basta esperar sair-se bem. Nem tão pouco esperar conseguir um valor acima da sua MAPAN. Também não sou fã de "intervalos" aspiracionais. Os intervalos são insípidos; têm menor potencial de suporte e, obviamente, o seu interlocutor tende a prestar atenção apenas à parte do seu intervalo que está mais próxima do nível de aspiração dele (o preço mínimo a que você está disposto a vender). Assim, é essencial desenvolver um verdadeiro nível de aspiração – chamo-lhe *meta* – para a negociação. Não ter nem saber qual é o seu nível de aspiração é como ir para uma negociação com uma estratégia defensiva, mas nenhuma estratégia ofensiva.

Mas também pode ir demasiado longe nas suas aspirações. Pode fixar um nível de aspiração bastante irrealista. O perigo de fixar uma meta exorbitante é que isso pode criar o *efeito de arrefecimento* na outra parte, levando a que fique decepcionado.

O efeito de arrefecimento ocorre quando uma proposta inicial é tão insultuosa que a outra parte nem sequer se dá ao trabalho de responder, porque não quer conhecê-la melhor. Suponha, por exemplo, que um comprador faz uma oferta de cem mil dólares pela sua casa de 275 mil dólares. Você nem sequer quererá dar ao comprador a cortesia de uma resposta. Trata-se do efeito de arrefecimento. O extremo oposto do efeito de arrefecimento é a *maldição do vencedor*. Se aceitar de imediato, e completamente radiante, a minha primeira oferta, essa postura indicar-me-á que a minha oferta foi demasiado generosa. Não deve contentar-se com a primeira oferta que lhe façam acima do seu ponto de resistência. Eis o que deve fazer em relação ao nível de aspiração:

- PENSE na MAPAN da outra parte. É óbvio que não sabe exactamente qual é mas, ainda assim, pode tentar calculá-la. Se se der o caso de você ter um nível de aspiração exactamente igual ao ponto de resistência/MAPAN da outra parte, então esse valor será a sua proposta inicial ideal.
- PROCURE comparar dados e focalizar-se nos pontos que lhe são mais favoráveis (como faria se pesquisasse os salários e honorários ganhos por pessoas com qualificações e experiência semelhantes à sua).
- SIGA os passos elementares.
  1. Identifique os seus objectivos-chave.
  2. Faça um *brainstorming* acerca das suas opções.
  3. Planeie a sua proposta inicial.

O seu nível de aspiração deverá ser tal que, se propusesse os seus termos e a outra parte aceitasse imediatamente, continuaria a sentir-se satisfeito.

Eis o que NÃO DEVE fazer:
- NÃO use a sua MAPAN como ponto de partida, andando depois para cima e para baixo para chegar ao ponto desejado. Não pode obter o seu nível de aspiração a partir de uma fórmula baseada na MAPAN.
- NÃO expresse um nível de aspiração exorbitante que não possa sustentar com dados (comparáveis).
- NÃO se recuse a revelar o seu nível de aspiração antes de a outra parte se pronunciar.
- NÃO estabeleça um intervalo de níveis de aspiração.

Suponha, por exemplo, que um comprador faz uma oferta de cem mil dólares pela sua casa de 275 mil dólares. Você nem sequer quererá dar ao comprador a cortesia de uma resposta. Trata-se do efeito de arrefecimento.

(3)
Da 18ª verdade
à 32ª verdade

Neste capítulo, vai aprender:

- o significado de uma negociação *win-win*;
- as vantagens de abrir mais o jogo;
- a dominar o *logrolling*.

18ª VERDADE

Planeie as suas concessões

Poucas negociações terminam no primeiro *round*. Pelo contrário, há avanços e retrocessos, com as partes a fazerem propostas e contrapropostas. É a dança da negociação. Aconselho-o a planear as suas propostas e contrapropostas com a mesma precisão que um treinador levaria para o *Super Bowl**. Por outras palavras, para se preparar para uma negociação, deve estar a par de todas as estatísticas acerca das negociações anteriores: quantas concessões fez, qual o valor da sua concessão média, quantas concessões fez a outra parte, o quanto as propostas iniciais estavam afastadas, etc.

Porquê? Porque as pessoas muitas vezes são apanhadas pelo calor da negociação e não pensam analiticamente no padrão das concessões. Isto conduz a um ou mais dos seguintes erros.

- Faz concessões demasiado depressa, antes de explorar os interesses.
- Faz concessões demasiado grandes (em contrapartida, fazer pequenas concessões cria boa vontade e indica que é razoável, mas fica mais perto do seu ponto de resistência).
- Faz concessões, ao passo que a outra parte se mantém intransigente.

Para se acostumar a acompanhar o jogo da negociação, aconselho-o vivamente a manter um pequeno bloco de notas à sua frente, fazendo até esboços visuais, em vez de escrever por parágrafos. Assim, pode dizer coisas como:

Olhe Pat, quero salientar que desci 50 mil dólares desde que começámos a falar e, pelo que vejo nas minhas anotações, até agora você só aumentou a sua proposta em dez mil dólares, o que corresponde a um quinto das minhas concessões. (Uma afirmação destas pressiona o seu interlocutor a fazer concessões).

Francis, fiz concessões em todas as questões que abordámos; segundo as minhas anotações, você só fez concessões numa delas. Peço-lhe agora que pondere sobre aquilo que poderá fazer no que diz respeito às outras questões.

---

* **N. T.** Final do campeonato de futebol americano.

> Por vezes, os negociadores traçam um plano que não conseguem seguir.

Por exemplo, já ouvi alguns negociadores a planearem não fazer concessões. Esse é um mau conselho: se recusar fazer concessões, a negociação rapidamente chega a um impasse.

Outras vezes, os negociadores cometem o erro oposto: começam com uma óptima proposta inicial do ponto de vista deles, a qual é inevitavelmente recusada pela outra parte. No passo seguinte, fazem uma concessão demasiado grande, abrindo mão, efectivamente, de toda a margem de negociação.

Como princípio geral, os negociadores devem fazer concessões nas questões que são menos importantes para eles. Não espere que o outro lado atribua mérito por fazer uma concessão. Normalmente não o faz. Por esta razão, precisa de anunciar a sua concessão. Algo deste género:

Tenho estado a ouvi-lo com atenção. A minha proposta actual no que diz respeito aos dias de férias pagos é de sete por ano. Sei que quer que esse número seja maior. Por isso, pensei no assunto e poderia dar-lhe dez dias de férias pagos por ano (Levante-se e risque o número sete e escreva dez). Assim, estou disposto a fazer concessões neste aspecto, aumentando o número de dias de sete para dez.*

Repare que, na afirmação precedente, o negociador está a fazer quatro coisas: (1) a lembrar à outra parte a proposta inicial de sete dias; (2) a chamar a atenção para o facto de estar disposto a fazer uma concessão a esse respeito; (3) a escrever o novo número no quadro, outra forma de criar pressão de troca por troca; (4) a convidar explicitamente a outra parte a responder.

Se não convidar a outra parte a responder, ela terá muito menos incentivos para fazer uma concessão.

Aconselho-o, como negociador neste cenário, a não fazer mais concessões em qualquer questão até que o seu interlocutor tenha feito uma concessão. Quando está a fazer concessões, se a outra parte não anotar os números propostos, faça-o você. Já vi demasiadas negociações

---

* **N. T.** As regras aplicáveis aos dias de férias nos EUA não coincidem com as regras portuguesas.

(52) A Verdade Sobre a Negociação

paralisarem devido a "má comunicação". Palavras e propostas andam para a frente e para trás, mas todos ficam confusos quando chega a altura de escrever os termos exactos.

Suponha que a outra parte faz, realmente, uma concessão. Nesta altura, você poderá querer fazer mais uma concessão – uma vez mais, numa questão que seja menos importante para si. Aconselho os negociadores a reduzirem a dimensão das suas concessões a cada nova cedência, para mostrarem aos interlocutores que estão perto do seu ponto de resistência.

19ª VERDADE

Atenção à armadilha "dividir a diferença ao meio"

A conversa a seguir transcrita é verídica. O que há de errado nesta situação, se é que algo está mal?

Parte A: Ofereço-lhe 15 milhões de dólares para comprar a sua empresa.

Parte B: Está a brincar comigo? Vale muito mais do que isso e recebi várias propostas. Quero pelo menos 47 milhões de dólares.

Parte A: Esse valor é muito superior ao que quero gastar. O máximo que poderia oferecer seria 18 milhões de dólares.

Parte B: Bom, então provavelmente não chegaremos a acordo, porque a empresa vale 47 milhões. Mas poderei aceitar 46 milhões.

Parte A: Continua a ser inaceitável. A minha oferta máxima seria de 22 milhões de dólares. Mas isso teria de ser com um pagamento a 30 dias.

Parte B: Não creio que possa aceitar essa oferta. Não estou a tentar regatear ao máximo, mas penso que ambos sabemos que esta empresa é especial. Eu aceitaria 45 milhões de dólares.

Parte A: A minha oferta final é de 25 milhões de dólares.

Parte B: Ok, tenho uma ideia. Por que não dividimos a diferença ao meio? Isso dá 35 milhões de dólares. Seria um preço justo para ambos.

Parte A: Parece-me justo, acho eu.

Desde logo, há três coisas que saltam à vista nesta negociação.

Em primeiro lugar, a proposta inicial de compra é de 15 milhões de dólares e a de venda é de 47 milhões, o que representa uma grande disparidade. Existem 32 milhões de dólares de diferença. Esta não é uma situação atípica.

> É quase inevitável que um negociador sugira "dividir a diferença ao meio".

Em segundo lugar, ambas as partes fazem concessões num registo de troca por troca. É o aconselhável, segundo a Verdade anterior. No entanto, eu incentivaria a Parte A a convidar a Parte B a fazer mais uma concessão, pois a Parte A fez três concessões, ao passo que a Parte B fez apenas duas.

Contudo, o verdadeiro problema para a Parte A não está no *número* de concessões que fez, mas sim na *magnitude* dessas mesmas concessões. A Parte A fez concessões no valor de dez milhões de dólares (a proposta inicial era de 15 milhões e a última foi de 25 milhões). Em contrapartida, as concessões da Parte B corresponderam apenas a um quinto daquela grandeza, ou seja, dois milhões de dólares (a proposta inicial era de 47 milhões e a última foi de 45 milhões). A Parte A provavelmente nunca recuperará deste erro crasso.

É quase inevitável que um negociador sugira "dividir a diferença ao meio" para diminuir a disparidade. O atractivo emocional desta estratégia é enorme para a maioria dos negociadores justos, a ponto de parecer egoísmo recusar. O problema, nesta negociação que estamos a analisar, é que a Parte A fez concessões muito mais avultadas do que a Parte B. No entanto, quando a Parte B sugere que se divida a diferença ao meio, é como se o passado não tivesse existido.

É por esta razão que advirto fortemente os negociadores a planearem cuidadosamente as suas concessões.

> Na pressa de concluirmos as negociações e mostrarmos boa fé, muitas vezes fazemos concessões demasiado elevadas e rápidas.

20ª VERDADE

O pré-jogo

As negociações têm princípio, meio e fim. Se pensarmos na analogia do golfe, há um princípio em que os golfistas convivem e poderão até falar sobre as regras do jogo. Em seguida temos o jogo propriamente dito (nove ou 18 buracos). Depois vem a fase de pós-jogo, em que pode haver convívio social ou debate acerca do jogo.

Obviamente, existirão enormes variações no "jogo da negociação", conforme as diferentes culturas. Por exemplo, no seu livro intitulado *Tough Choices: A Memoir*, Carly Fiorina, CEO da Hewlett-Packard de 1999 a 2005, fala sobre os momentos que antecederam o jogo das negociações com a empresa coreana Lucky GoldStar. O período antes do jogo consistiu num tradicional churrasco coreano, no qual Carly teve direito a uma acompanhante encantadora e a várias rodadas de uísque durante algumas horas. A negociação propriamente dita só começou no dia seguinte. Fiorina disse que a participação nos momentos que antecederam o jogo foi essencial para criar as bases para a negociação. Se ela tivesse recusado fazer parte desse momento de pré-jogo, a negociação não teria sido bem sucedida.

O pré-jogo começa quando os negociadores se encontram e trocam gentilezas. (Algumas culturas e empresas, como a coreana Lucky GoldStar, têm rituais bastante elaborados.) O jogo inicia-se quando uma das partes começa a conversar sobre as questões em causa. A negociação termina quando o acordo é assinado ou quando uma das partes desiste. O pós-jogo refere-se à conversação e aos rituais que ocorrem depois de assinado o acordo.

Tenho aconselhado os negociadores a apresentarem a primeira proposta ou a fazerem de imediato uma contraproposta. Este conselho pode implicar que tenha de apresentar imediatamente a sua proposta assim que entra na negociação.

Não sugiro que a sua proposta deva ser a primeira coisa que diz. É importante participar nas devidas actividades de pré-jogo.

As pessoas de outras culturas podem ter ideias diferentes sobre o formato das actividades de pré-jogo. Passe os primeiros cinco a 20 minutos a conversar para criar uma relação. Há quem lhe chame "tagarelice". Ou "conversa de circunstância". Ou "conversa de chacha". Seja o que for, funciona.

Além disso, os dados científicos existentes indicam que os negociadores que começam com pelo menos cinco minutos de conversa informal são mais bem sucedidos do que aqueles que vão directamente ao assunto. Conversa informal é manter qualquer tipo de diálogo que não tem que ver com a negociação em mãos.[8] Este tipo de conversa reforça a confiança.

> A determinada altura, é preciso parar com a conversa informal e dar início ao jogo da negociação.

A transição da fase das gentilezas para a das propostas pode revelar-se abrupta, por isso convém indicar quando está prestes a fazer uma mudança radical no tema de conversa. Diga que está pronto para mudar o rumo da conversa, dizendo uma das seguintes frases:

- Vamos então falar de negócios?
- Sei que tem um avião para apanhar, por isso não quero empatá-lo. Preparei um conjunto de termos para sua apreciação.
- Pensei no nosso negócio e pergunto-me se não seria uma boa altura para nos concentrarmos nele.
- Quais são as suas limitações de tempo? Eu tenho de sair pelas 17 horas, por isso talvez fosse melhor começarmos.

21ª VERDADE

O jogo

A maioria não tem qualquer problema em fazer conversa de circunstância, porque é algo a que se está habituado. No entanto, muitas vezes não se tiveram lições sobre negociações, por isso não se sabe por onde começar. Poderá interrogar-se: "Quem deve começar?" Essa é uma decisão estratégica que deve ser tomada por si.

Algumas negociações são bastante tipificadas, o que significa que existem regras, normas e códigos de conduta. A título de exemplo, o processo de venda de um imóvel nos EUA normalmente tem início quando um vendedor estipula um preço pela sua casa. Este preço definido pelo

(56) A Verdade Sobre a Negociação

vendedor é a sua primeira proposta. O comprador normalmente faz uma oferta através de um agente imobiliário e, em grande parte dos Estados, essa proposta é feita por escrito.

A compra de um carro é uma negociação tipificada. O preço exposto na viatura é a primeira proposta do vendedor. O comprador faz uma oferta inicial, habitualmente verbal. Eu aconselharia os compradores a fazerem as ofertas iniciais por escrito. Têm mais impacto.

> Não se envolva em negociações antes de lhe terem feito uma proposta. Você está no auge do seu poder negocial quando lhe ofereceram um emprego mas ainda não o aceitou.

Outras negociações são menos tipificadas e você tem um maior espaço de manobra. Quando não se tem a certeza daquilo que se deve fazer, é frequente assumir-se uma postura passiva. Isso não é nada aconselhável, do ponto de vista estratégico. Se está preocupado com a eventual existência de um processo que deveria acompanhar, mas do qual não está a par, e teme dar passos em falso, aconselho-o a fazer o seguinte:

- Faça perguntas aos peritos que já fizeram negociações desse tipo. Por exemplo, se está interessado na negociação de um preço para o fornecimento de uma loja ou cadeia de lojas, deve consultar o responsável de uma loja das redondezas que esteja habituado a essa prática. Esse responsável poderá dizer-lhe o que deve esperar.
- Se não tem especialistas nesse domínio que possa consultar, pergunte à outra parte se costumam seguir algum procedimento específico.
- Diga que não está certo acerca de como começar, mas que tentará o seu melhor.

Mesmo que a fase da troca de amabilidades já tenha terminado e os negociadores estejam ansiosos para ir ao cerne da negociação, certifique-se de que consegue responder "sim" a todas as perguntas que se seguem. Se não for capaz, ainda não é altura de negociar.

- Numa negociação para um emprego, fizeram-lhe uma proposta concreta? Muitos negociadores começam a negociar antes de terem uma proposta concreta. Não se envolva em negociações antes de lhe terem feito uma proposta. Você está no auge do seu poder negocial quando lhe ofereceram um emprego mas ainda não o aceitou.

- O seu interlocutor tem autonomia para fechar um acordo ou é aquela pessoa que simplesmente recolhe informação para entregar a alguém com verdadeiro poder para decidir? Este é o problema que muitas vezes deixa os compradores de automóveis em apuros: negoceiam com vendedores astutos que não têm autonomia ou que dizem não ter autonomia. Negoceie apenas com quem tenha autonomia para chegar a acordo sem ter de consultar os seus superiores.
- Pergunte ao seu interlocutor se está pronto a negociar ou se está apenas a recolher informação. Muitas vezes recebo telefonemas de empresas que estão a reunir informações acerca de oradores, tais como a forma como eles trabalham e qual o método que utilizam. Acabam por questionar-me sobre preços, mas não respondo a essa pergunta. Digo que, uma vez que estão interessados em debater pormenores sobre a possível contratação de um serviço e que estreitaram o campo de opções, eu preferiria que se agendasse um encontro para falarmos. Uma das minhas frases favoritas é: "Quero dar a este assunto a atenção que ele merece e não falar de forma algo leviana e irreflectida".

> Negoceie apenas com quem tenha autonomia para chegar a acordo sem ter de consultar os seus superiores.

22ª VERDADE

O pós-jogo

Consegue imaginar uma situação em que convida uma pessoa para jantar, ela aparece, entra, senta-se imediatamente à mesa da sala de jantar, come e logo a seguir vai-se embora? Isso seria absurdo. Seria de esperar que o convidado conversasse um pouco consigo antes e depois da refeição.

Normalmente, os negociadores começam por socializar antes da negociação. Contudo, muitas vezes saltam essa fase, tratam do que têm a tratar e vão imediatamente embora. A etiqueta da negociação dita um princípio, meio e fim.

(58) A Verdade Sobre a Negociação

Uma fase bem sucedida de pós-jogo deve atender a dois objectivos da negociação:

- Cimentar o negócio (tornando difícil ou impossível que as partes voltem atrás no acordo)
- Preparar o terreno para futuros relacionamentos

Howard Raiffa dá um conselho relativo ao pós-jogo no seu livro *The Art and Science of Negotiation*: "Não se vanglorie"[9]. Os negociadores que se vangloriam irão apenas provocar má vontade no interlocutor e, muitas vezes, arriscar que a outra parte volte atrás no acordo ou, pelo menos, que não cumpra a sua parte.

> Vangloriar-se pode ser um desastre, pelo menos no que diz respeito ao que os negociadores sentem em relação ao acordo.

A outra parte terá tendência para se sentir desiludida, infeliz e menos bem sucedida. Isso pode levar a uma retaliação, agora ou da próxima vez que negoceie com esse interlocutor. Arrisca-se a receber um tratamento hostil ou, no mínimo, menos generoso numa negociação subsequente. Envie uma mensagem de cortesia 24 horas depois, seja por correio electrónico ou por correio tradicional, dizendo que apreciou encontrar-se com a outra parte e que está satisfeito por irem trabalhar juntos neste negócio. Outro aspecto muito importante do pós-jogo é cimentar o acordo. Se os termos do acordo ainda não foram postos por escrito e assinados, tome a iniciativa de os transcrever e de fazê-los chegar às partes envolvidas.

No caso de o pós-jogo terminar num impasse (sem acordo), resista à tentação de punir verbalmente a outra parte ou demonstrar desagrado. Não se esqueça que é um embaixador da sua empresa. E pode dar consigo novamente à mesa com este interlocutor mais cedo do que pensa, especialmente se a sua MAPAN se deteriorar subitamente. Assim, como regra geral, pressuponha que o mundo é pequeno e ajude toda a gente a "salvar a face" (manter a dignidade).

A minha frase favorita é esta: "Eu sei que não concordámos nesta questão, mas respeito os seus pontos de vista".

23ª VERDADE

O que é que significa realmente *"win-win"*?

Quase todos estão familiarizados com a ideia de "negociação *win-win*". Os negociadores experientes dir-lhe-ão que a única negociação positiva é aquela que termina num *win-win*. Contudo, alguns pensam que isto significa simplesmente chegar a acordo, seja ele qual for. Outros consideram que é uma negociação em que as partes continuam a manter um relacionamento. Outros, ainda, acham que *win-win* significa dividir tudo ao meio. Apesar de todos estes resultados serem desejáveis, nenhum deles capta o conceito central de uma negociação *win-win*.

Dito de forma simples, uma negociação *win-win* é um acordo em que não são possíveis ganhos adicionais conjuntos, isto é, em que para que uma das partes ganhe mais, pelo menos uma das outras partes terá de ganhar menos. Assim, a expressão *win-win* reflecte, na verdade, um importante conceito económico: as soluções *win-win* situam-se naquilo que os economistas referem como sendo a Fronteira Óptima de Pareto, do economista italiano Vilfredo Pareto.

> Dito de forma simples, uma negociação win-win é um acordo em que não são possíveis ganhos adicionais conjuntos.

A conclusão de Pareto era simples: se não houvesse maneira de melhorar o acordo para qualquer das partes, os negociadores atingiriam a Fronteira Óptima de Pareto. Contudo, se houvesse outro acordo que ambas as partes preferissem ou que uma das partes preferisse e fosse indiferente para a outra, os negociadores teriam suboptimizado o acordo, não conseguindo atingir a Fronteira Óptima de Pareto. Quando isto acontece, designo-o por "acordo *lose-lose*". Se é assim tão simples, por que razão é que os negociadores não se limitam a visar um acordo situado na Fronteira Óptima de Pareto? Por causa de um grande problema: na maioria das negociações, nenhuma das partes exprime o que verdadeiramente quer, portanto não há uma forma clara de vislumbrar os limites da Fronteira Óptima de Pareto. Então, de que forma é que os negociadores têm alguma indicação de que estão na Fronteira Óptima de Pareto?

(60) A Verdade Sobre a Negociação

Infelizmente, nem sempre sabem. Contudo, existem múltiplos indícios, bastante claros, de um resultado abaixo do óptimo numa negociação:

- A sua proposta inicial foi imediatamente aceite pela outra parte.
- Fez uma proposta, a outra parte fez uma contraproposta e depois você concordou em dividir a diferença.
- Você e a outra parte ponderaram menos do que cinco possíveis acordos.
- Não fez quaisquer perguntas à outra parte.
- A outra parte não lhe fez quaisquer perguntas.
- Nenhuma das partes tentou "afinar" o acordo para o melhorar.
- Não revelou nada à outra parte.
- A outra parte não lhe revelou nada.
- Negociaram apenas uma questão (o preço, por exemplo).
- Negociaram mais do que uma questão, mas cada uma de uma forma independente das outras.

Se o seu acordo é caracterizado por três ou mais destes sintomas, existe uma grande possibilidade de o terem suboptimizado e de terem feito um acordo *lose-lose*. Felizmente, pode fazer várias coisas para garantir que nunca mais voltará a ficar na "fronteira *lose-lose*".

A Verdade que se segue aborda em profundidade os factores que conduzem a acordos suboptimizados, bem como algumas estratégias que pode usar para os evitar.

24ª VERDADE

Satisfazer *versus* optimizar

Obter acordos *win-win* não é fácil. Falando de forma muito objectiva, o mais provável é que consiga conceber um acordo que teria agradado mais a ambas as partes – muitas vezes significativamente mais – do que aquele a que chegaram. Isto significa que ambas as partes alcançaram menos do que aquilo que poderiam ter tido.

Vejamos o caso que referimos na 6ª Verdade, das duas irmãs e da laranja. Uma das irmãs quer beber todo o sumo da laranja, enquanto a outra quer toda a casca para fazer um bolo. Em vez de serem claras relativamente ao que querem, ambas fizeram a mesma exigência: "Eu quero a laranja". Por fim, dividiram a laranja ao meio. Uma das irmãs bebe o sumo da sua metade e atira fora a casca; a outra usa a casca da sua metade e deita fora o sumo. Os gestores e executivos muitas vezes obtêm resultados equivalentes a este. Esquecem-se que há um outro acordo exequível, que seria bastante mais benéfico, tal como teria sido para as irmãs se tivessem dividido a laranja em sumo e casca!

Esta situação conduz-nos a uma questão fundamental: por que é que as pessoas se contentam de tão bom grado com acordos *lose-lose*? Há três razões fundamentais:

- Satisfazer
- Falta de *feedback*
- Mito da soma fixa

Satisfazer

O prémio Nobel Herb Simon cunhou o termo satisfazer* para designar a tendência do ser humano para suboptimizar – esforçar-se apenas o suficiente para atingir um objectivo medíocre. Simon fez o contraste entre as soluções satisfatórias e um comportamento muito mais produtivo: soluções optimizadas**.

Primeiro que tudo, os negociadores colocam as suas fasquias em patamares muito baixos.

Uma primeira experiência dedicada às soluções satisfatórias[10] consistiu em pedir às pessoas que multiplicassem 1 x 2 x 3 x 4 x 5 x 6 x 7 x 8. A maior parte multiplicou os primeiros números e depois deu um palpite para a resposta. Contudo, em média, os números a que chegaram foram muito baixos.

A um outro grupo foi dada a mesma série de números para multiplicar, mas na ordem inversa: 8 x 7 x 6 x 5 x 4 x 3 x 2 x 1. Este grupo deu palpites melhores, mas as suas respostas também estavam completamente erradas. Os resultados indicam que se confia excessivamente em atalhos mentais, fazendo "sestas cognitivas"*** que podem resultar em erros dispendiosos. Por outras palavras, as pessoas são preguiçosas.

Um outro estudo comparou as negociações entre cônjuges e casais de namorados com as negociações entre estranhos[11]. Parece razoável pensar que os cônjuges e os namorados, presumivelmente interessados em fomentar um relacionamento de longa duração, alcançariam resultados

---

* **N. T.** No original, satisficing.

** **N. T.** No original, optimizing.

*** **N. T.** No original, cognitive naps.

(62) A Verdade Sobre a Negociação

win-win. Não foi isso que aconteceu. Os pares formados por pessoas que não se conheciam tiveram uma maior incidência de resultados *win-win* em comparação com os casais!

Porquê? Tem tudo a ver com as soluções satisfatórias. Por norma, os casais depressa se conformaram com o primeiro conjunto de termos tolerável. Pelo contrário, os estranhos mostraram-se mais inclinados a reflectir sobre as suas aspirações fundamentais e a explorar mais vias para as atingir. Esta optimização deu origem a acordos *win-win*.

Uma segunda razão para não se conseguirem acordos *win-win* deve-se, muito simplesmente, ao facto de não se possuir qualquer *feedback* sobre os acordos celebrados. A maioria não tem uma ideia objectiva acerca do resultado da sua negociação, assumindo um comportamento autoconfiante. Isto faz lembrar aqueles que ingerem alimentos altamente gordurosos, nunca fazem exercício, nunca medem a tensão arterial e concluem orgulhosamente: "Não estou morto, por isso a minha tensão arterial deve estar boa." Estas pessoas assumem uma postura de vida completamente desconhecedora do seu estado de saúde e, pior ainda, não fazem ideia do que podem fazer para a maximizar. Encorajo fortemente as pessoas a procurarem oportunidades de porem as suas capacidades de negociação à prova – procurando *feedback*.

Uma terceira razão para existirem tantas negociações com um resultado *lose-lose* prende-se com o "mito da soma fixa", ou a crença quase universal de que os nossos próprios interesses são totalmente opostos aos da outra parte[12]. Isto resume o tipo de mentalidade *win-lose* que marca a maioria das negociações. Se eu estiver convicta de que você está totalmente contra tudo aquilo que quero, não teremos grande oportunidade de chegar a um acordo *win-win*.

> Muitos acreditam erradamente que a outra parte tem preferências que são diametralmente opostas às suas em todos os sentidos, quando de facto isso não é verdade.

Se pesquisar, irá deparar-se com uma elevada profusão do mito da soma fixa, dado que muitos acreditam erradamente que a outra parte tem preferências que são diametralmente opostas às suas em todos os sentidos, quando de facto isso não é verdade[13]. No exemplo das Irmãs Laranja, seria o mesmo que a primeira irmã jurar que a outra também queria o sumo quando, na verdade, a segunda irmã apenas queria a casca.

Assim sendo, segundo as probabilidades indicadas pela investigação científica, o mais certo é que se encaminhe para um cenário de negociação *lose-lose*. As Verdades que se seguem exploram as formas de conseguir resultados *win-win*.

25ª VERDADE

Só há realmente dois tipos de negociação

Há dois tipos básicos de negociação: de soma fixa e de soma variável.

Nas negociações de soma fixa, os interesses das partes são diametralmente opostos, de tal modo que quanto mais uma parte ganha, mais a outra perde e vice-versa. Suponha que estamos a negociar um preço. Eu sou a compradora e você é o vendedor. O meu ponto de resistência está nos 80 dólares, mas é óbvio que não lhe vou revelar isso. O seu ponto de resistência é de 60 dólares, mas você preferia antes ser atingido por um raio do que revelar isso.

Eu inicio a negociação fazendo uma oferta baixa ("Pago-lhe 25 dólares"), em relação à qual você faz uma contraproposta elevada ("Nunca menos de 120 dólares!"). Cada um de nós continua a tentar obter o melhor negócio para si próprio. Afinal, estamos a dividir uma soma fixa de recursos. Seja qual for a perspectiva, a zona de possível acordo (ZOPA) é sempre de 20 dólares (a diferença entre os 80 dólares que estou secretamente disposta a pagar e os 60 dólares que você está secretamente disposto a aceitar).

0---10---20---30---40---50---60---70---80---90---100---110---120

<pre>

              ZOPA
</pre>

Nas negociações de soma variável, a ZOPA pode ser expandida. Utilizando o exemplo anterior, suponha que o meu ponto de resistência é de 80 dólares a pronto pagamento, mas que estou disposta a pagar cem dólares se aceitar um pagamento a crédito. O seu ponto de resistência é de 60 dólares a pronto pagamento e 70 dólares a crédito. Se olharmos apenas para a ZOPA do pronto pagamento, é exactamente de 20 dólares (80 – 60 = 20). Contudo, se considerarmos o pagamento a crédito, a ZOPA ganha mais dez dólares (100 – 70 = 30).

(64) A Verdade Sobre a Negociação

> As negociações com apenas uma questão são, por definição, negociações de soma fixa.

No primeiro exemplo, estamos a negociar o preço, então o que quer que eu ganhe corresponde à sua perda. E sempre que você ganhar, eu perco. No entanto, se conseguirmos identificar outra questão negociável que seja relevante para pelo menos um de nós teremos criado o potencial para um acordo *win-win*. Fizemos isto no segundo exemplo, quando separámos o preço de compra e o método de pagamento (a pronto ou a crédito).

Muitas negociações parecem versar apenas sobre uma questão. Contudo, os negociadores podem fazer duas coisas para evitar que se tornem negociações de soma fixa.

- Adicionar uma questão para além do âmbito estrito da negociação. ("O seu sapo de estimação também está à venda?")
- Dividir a questão ou questões em jogo em múltiplas questões ("E se eu lhe pagasse a crédito?")

Este processo de identificação de mais do que uma questão negociável designa-se por *unbundling*[14]. Ao fazerem o *unbundling* de negociações de uma só questão em negociações com várias questões, os negociadores criam mais oportunidades para conseguirem *trade-offs* de *win-win*.

Vejamos num cenário negocial que inicialmente se parece com uma negociação de soma fixa. O departamento de vendas de uma empresa descobre que a divisão de fusões e aquisições quer adquirir o departamento de vendas do seu melhor cliente. Tanto para um lado como para o outro, pode parecer que se trata de uma situação mutuamente exclusiva. Todavia, à medida que debatem e fazem o *unbundling* das questões negociais, descobrem outros factores que podem ser introduzidos nas conversações – expansão dos territórios de actuação do departamento de vendas, alvos alternativos para a divisão de fusões e aquisições, orçamentos detalhados e ajustamentos de objectivos – e assim que as novas questões estejam definidas, as partes estarão em condições de chegar a um acordo *win-win*.

---

* **N. T.** "Desagregação".

Muitos negociadores não conseguem fazer o *unbundling* das questões porque a sua visão do mundo é míope. Muitas vezes, essa miopia restringe-se a um único aspecto: preço. Com efeito, se perguntasse a aspirantes a negociadores quais são os três aspectos mais importantes para eles, muitos responderiam: "Preço, preço e preço". É claro que o preço é importante, mas mesmo nessa questão é possível fazer o *unbundling*. Isto inclui tomar em consideração condições como o montante da entrada, a taxa de juro, o tipo de remuneração ou, já agora, descontos por quantidade.

Resumindo, se só houver uma questão negocial, a negociação será, por definição, de soma fixa. Contudo, mesmo em negociações aparentemente de uma só questão, se conseguir identificar questões adicionais criará o potencial de transformar uma negociação de soma fixa numa negociação de soma variável. E isso significa a possibilidade de alcançar um acordo *win-win*.

26ª VERDADE

Faça perguntas de triplo I

Num importante negócio de transferência de tecnologia entre duas divisões de uma empresa grande e diversificada, estavam em causa vários milhões de dólares de lucros de vendas internas e externas. Segue-se um excerto de uma das sessões negociais que este acordo envolveu. Chamemos Chris a este negociador.

Chris: George, o tempo urge, por isso gostaria de fazer a minha proposta final, que creio ser justa. Como pode ver, introduzi uma série de concessões: (1) Dividiremos os custos de desenvolvimento – ou seja, far-vos-emos um pagamento líquido de 600 mil dólares. (2) Dividiremos os lucros a meio. Dividiremos também igualitariamente os prejuízos que possamos ter com esta tecnologia. Não consigo ser mais imparcial do que isto e a ideia é que assumamos igual risco perante o futuro. Com esta proposta, tentei ser justo e respeitar a vossa posição. Espero que considerem aceitáveis as várias concessões e que concordem que isto é justo para todos.

Qual é a sua primeira impressão acerca deste negociador? A focalização de Chris na "justiça" estará a criar potencial para um acordo *win-win*?

(66) A Verdade Sobre a Negociação

Agora, compare aquela abordagem com a que se segue, feita por outra pessoa mas tendo em vista o mesmo assunto. Chamemos Saba a esta negociadora.

Saba: As nossas estimativas para os lucros provenientes das vendas externas desta tecnologia são de 12 milhões de dólares. Prevemos que o mercado interno gere um volume de negócios no valor de dois milhões de dólares. Penso que um acordo justo, neste caso, seria pagarmos os vossos custos de desenvolvimento de 1,2 milhões de dólares, repartirmos igualitariamente os lucros internos e conceder-vos 25 por cento dos lucros externos. Isso representaria um pacote total de 5,2 milhões de dólares para a vossa divisão. Digam-me se alguma das vossas estimativas contraria esta informação. Do que é que necessitam para se sentirem confortáveis? Seria útil ter uma ideia da vossa estimativa para o impacto que o lançamento do produto no mercado terá nas vendas da vossa divisão. Não queremos prejudicar demasiado as vossas vendas, mas não sei qual o resultado que esperam.

Qual é a sua impressão acerca desta negociadora? Reparou que Saba faz muito mais perguntas do que Chris e que partilha os seus pontos de vista, pedindo sistematicamente à outra parte que a esclareça?

A principal diferença de estilos destes negociadores é que Saba fez mais perguntas do que Chris, incluindo as que apontavam para uma clarificação. De facto, Chris não fez uma única pergunta, mas fez uma ameaça e uma série de exigências. Chris também impôs o seu ponto de vista à outra parte sem procurar um esclarecimento. Em contrapartida, a conjugação de perguntas explícitas e implícitas feitas por Saba (por exemplo "Não queremos prejudicar demasiado as vossas vendas, mas não sei qual o resultado que esperam.") fez com que a outra parte lhe desse informações bastante importantes. A informação que Saba obteve permitiu-lhe esboçar uma proposta vantajosa para a sua divisão e para a outra parte. Pelo contrário, a abordagem agressiva de Chris levou a um intensificar das demonstrações de superioridade com a outra parte e a um beco sem saída.

A maioria dos negociadores não faz muitas perguntas. Portanto, não admira que não troquem muita informação. Regra geral, a partilha de informação constitui menos de dez por cento da sua comunicação[15]. Outro problema que se coloca é que, quando os negociadores fazem perguntas, fazem as perguntas erradas. A título de exemplo, os negociadores fazem muitas vezes perguntas intrusivas sobre a MAPAN da outra parte; estas perguntas não irão ajudar os negociadores a aumentar o "bolo". Um bom princípio básico: não pergunte ao seu interlocutor aquilo que você não estaria disposto a responder.

Por norma, as perguntas *win-win* preenchem um ou mais dos princípios do "triplo I": interesses, incentivos e investigação.

Primeiro que tudo, as perguntas *win-win* extraem informação acerca dos interesses implícitos da outra parte, em vez das suas exigências. Por exemplo, o proprietário de um terreno que está a negociar o uso do mesmo para pastagem por parte de um criador de gado, poderá perguntar: "Os direitos relativos à água ou as vias alternativas de acesso às pastagens são importantes para si?"

Em segundo lugar, as perguntas *win-win* não dão qualquer incentivo aos interlocutores para mentirem ou adulterarem os factos. Se o criador de gado perguntar quantas cabeças de gado podem em média pastar e beber num hectare da propriedade do dono do terreno, este não tem qualquer incentivo para mentir acerca de uma necessidade para assim conseguir uma renda excessiva.

Em terceiro lugar, se fizer boas perguntas *win-win*, a outra parte só pode confirmar ou negar. Esta forma de fazer perguntas é uma investigação, por oposição à defesa de uma posição. Os negociadores com um estilo idêntico ao de Saba, que seguem o modelo de investigação, estão abertos a múltiplos desfechos e testam hipóteses e previsões sobre qual o resultado que será *win-win*. Assim, os negociadores que se baseiam na investigação fazem perguntas tal como as faria um cientista. As respostas obtidas fornecem-lhes os dados necessários para refutarem ou sustentarem as suas previsões.

27ª VERDADE

Revele os seus interesses

Assim que tenha melhorado as suas capacidades de fazer perguntas, terá aumentado significativamente as suas probabilidades de obter da outra parte informação valiosa. No entanto, não há garantias de que a outra parte lhe facultará respostas valiosas às perguntas feitas. Os seus interlocutores podem não o ouvir ou, como acontece mais frequentemente, podem reter informação, temendo que os explore ou receando ficar numa situação de vulnerabilidade.

(68) A Verdade Sobre a Negociação

Qual o impacto da revelação de informação sobre o ponto-limite de um negociador? Os negociadores que facultam à outra parte informação sobre os seus interesses melhoram os seus resultados, ou lucros, em mais de dez por cento.[16]

> Os negociadores que facultam à outra parte informação sobre os seus interesses melhoram os seus resultados, ou lucros, em mais de dez por cento.

Então, por que motivo é que os negociadores mostram tanta relutância em revelar informação? Existem algumas razões. Antes de mais, é convicção quase comum que os negociadores devem manter um "rosto de póquer". É lamentável que colegas bem intencionados e mentores tenham ensinado tantos negociadores a ocultarem tudo. Este conselho levou a uma diminuição do "bolo negocial". Em segundo lugar, a maior parte limita as suas definições de "informação que pode ser revelada" à informação relacionada com a melhor alternativa para um acordo negociado (MAPAN), em vez de algo acerca dos seus interesses mais abrangentes.

Os negociadores podem revelar ou "sinalizar" os seus interesses de várias maneiras. A revelação directa é um dos métodos; a sinalização subtil é outro. Todas as afirmações que se seguem podem expandir significativamente o "bolo". Pondere adicioná-las ao seu vocabulário de negociação.

- "A questão X é mais importante para mim do que a Y, mas ambas me interessam."
- "Um ganho de dez por cento na questão X teria mais valor para mim do que um ganho de dez por cento na questão Y."
- "Se fossemos classificar e ordenar as questões por ordem de importância, a X estaria acima da Y."

Considere também a possibilidade de acrescentar as seguintes perguntas ao seu vocabulário de negociação:

- "O que é mais importante para si: X ou Y?"
- "O que lhe traria mais valor: aumentar X ou Y?"
- "Se eu aumentasse o pagamento da questão X mas reduzisse o pagamento da Y, isso seria melhor para si?"

> Uma grande vantagem de revelar os seus interesses é que duplica as probabilidades de a outra parte revelar os dela.

Este efeito de espelho reflecte o *princípio da reciprocidade*. Dizem os estudos acerca da reciprocidade que, em condições normais, a incidência de revelação de informação à outra parte é de 19 por cento. Mas quando os negociadores facultam informação à outra parte, essa incidência sobe para 40 por cento, com base no princípio da reciprocidade. Lembre-se, contudo, que a reciprocidade também se aplica ao comportamento hostil.

28ª Verdade

Negoceie as questões em simultâneo e não sequencialmente

Muitos negoceiam da mesma forma que gerem uma reunião de negócios: seguindo estritamente a agenda. Enumeram todas as questões a negociar e depois tentam chegar a acordo relativamente a cada uma de forma sequencial.

Tente responder a esta pergunta antes de continuar a ler: quais as desvantagens que poderá ter esta abordagem linear?

Se entendeu que os negociadores que seguem sequencialmente uma agenda irão muito provavelmente ter uma abordagem totalmente posicional (baseada em exigências), tem toda a razão.

Mas a chave de qualquer negociação é gerir em simultâneo várias questões de um acordo. Esta abordagem tem muitas vantagens. Em primeiro lugar, impede que os negociadores sejam completamente posicionais. Em segundo lugar, obriga-os a ordenar os seus valores e preferências face às várias questões por ordem de prioridade. Em terceiro lugar, pode levar à excelente ideia de tomar em consideração vários conjuntos ou pacotes de questões.

> Mas a chave de qualquer negociação é gerir em simultâneo várias questões de um acordo.

(70) A Verdade Sobre a Negociação

Consideremos o caso de dois negociadores que têm em cima da mesa três questões relativas a um acordo de vendas: preço, quantidade e entrega. A compradora quer um preço baixo, uma pequena quantidade e uma entrega rápida. O vendedor quer um preço elevado, uma grande quantidade e entrega com um prazo alargado. À primeira vista, os seus interesses parecem totalmente opostos. Por outras palavras, parece uma negociação de soma fixa.

Agora imagine que a compradora ponderou cuidadosamente a prioridade que atribui a cada questão ao dividir cem pontos entre elas: 50 pontos para o preço, 35 para o prazo de entrega e 15 para a quantidade (ver quadro).

Conforme se pode ver pelo quadro do vendedor, os seus valores para as três questões a negociar são um pouco diferentes: o preço é igualmente o mais importante (50 pontos), mas a quantidade vem em segundo lugar (35 pontos) e o prazo de entrega vem em último (15 pontos).

Também vemos que para a compradora o ideal é o preço mais baixo, a menor quantidade possível e o prazo de entrega mais rápido. Se isso acontecesse, com base na tabela, ela obteria 20 + 5 + 15 = 40 pontos. Esse é o nível de aspiração da compradora.

Vendedor	Preço (Total 50)	Quantidade (Total 15)	Prazo de entrega (Total 35)
Baixo (lento)	20	5	0
Médio-baixo	15	4	2
Médio	10	3	6
Médio-elevado	5	2	12
Elevado (rápido)	0	1	15

Vendedor	Preço (Total 50)	Quantidade (Total 35)	Prazo de entrega (Total 15)
Baixo	0	0	5
Médio-Baixo	5	2	4
Médio	10	6	3
Médio-Elevado	15	12	2
Elevado	20	15	1

Suponhamos que as partes decidem negociar cada questão em separado. Lembre-se que, no mundo real, eles não saberiam das preferências um do outro. Eis como decorreria a negociação:

Compradora: Foi um verdadeiro prazer conhecer o seu produto. Porém, tenho de ser franca consigo: temos restrições ao nível dos preços. Precisamos mesmo do vosso preço mais baixo.
Vendedor: Bem, nós temos um produto único e de grande qualidade. Portanto, merecemos um preço elevado.
Compradora: Então talvez não cheguemos a acordo.

(Uma hora depois)
Compradora: Aparentemente, estamos em extremos opostos relativamente ao preço. Que tal dividirmos a diferença ao meio?
Vendedor: Penso que podemos aceitar.
Compradora: Está bem. Então falemos de quantidade. Queremos minimizar o nosso compromisso neste campo, por isso precisamos apenas de um pequeno lote do vosso produto.
Vendedor: Infelizmente, a nossa estrutura foi concebida para vender grandes lotes. Mas vai adorar o nosso produto, pelo que ficará melhor servida com uma quantidade maior.
Compradora: Não estou autorizada a aprovar isso.
Vendedor: Bem, o preço de que falámos é baseado na compra de uma grande quantidade.

(Passada outra hora)
Vendedor: Não posso vender apenas essa quantidade. No entanto, pode ser que consiga dividir a diferença ao meio.
Compradora: Isso era bom.
Vendedor: Abordemos a questão da entrega. Podemos oferecer as nossas condições normais.
Compradora: Não. Nós precisamos disto o mais rapidamente possível!
Vendedor: Lamento. A política da nossa empresa estipula claramente que o prazo normal de entrega é de várias semanas.
Compradora: Isso não vai funcionar. Estou a ser bastante generosa, mas proponho-lhe, uma vez mais, que dividamos a diferença ao meio. É possível?
Vendedor: Provavelmente serei despedido, mas atendendo a que quero fechar este negócio… está bem.

A compradora e o vendedor teriam totalizado cada um 19 pontos neste acordo (a compradora obtém a soma de: preço médio = 10; quantidade média = 3; prazo de entrega médio = 6; e o vendedor obtém 10 + 6 + 3).

(72) A Verdade Sobre a Negociação

Se tivessem negociado as questões como um pacote, poderiam ter-se apercebido de que a quantidade era relativamente mais importante para o vendedor, ao passo que o mais importante para a compradora era o prazo de entrega.

Isso poderia ter dado lugar a este diálogo:

Compradora: Vejo várias questões em aberto neste negócio: preço, quantidade e prazo de entrega. Tenho interesse em cada uma destas questões, mas o preço é para mim o mais importante. E precisamos de entrar depressa no mercado, por isso também nos interessa bastante o prazo de entrega.
Vendedor: Precisamos de um preço razoável, por isso não posso fazer muitas concessões nessa questão. Contudo, a minha empresa dá muita importância à quantidade encomendada, por isso podemos fazer preços melhores para lotes maiores. E talvez consigamos chegar a acordo relativamente ao prazo de entrega.
Compradora: Estariam dispostos a fazer a entrega com a rapidez que eu preciso se eu comprasse um volume maior?

29ª Verdade

Logrolling
(Eu ajudo-te, tu ajudas-me)

Logrolling consiste em fazer trade-offs entre as questões em discussão para benefício mútuo.

O termo *logrolling* vem da ciência política, descrevendo de que forma é que um partido pode apoiar a proposta legislativa de outro em troca de apoio recíproco noutra questão. Na área política, *logrolling* tem uma conotação ligeiramente pejorativa. No domínio da negociação, a troca de favores é uma opção inteligente, não é pejorativa.

Para fazer *logrolling* de forma eficaz, os negociadores têm de fazer o seguinte:

- Identificar mais de uma questão em discussão (de outro modo, não há possibilidade de fazer *trade-offs*).
- Ter preferências diferentes em relação a essas questões.
- Ser capaz de conciliar diferentes alternativas para cada questão.

3 | Da 18ª verdade à 32ª verdade (73)

Se um negociador é posicional e inflexível, o *logrolling* será muito mais difícil. O *logrolling* é a arte e a ciência de ser firme, mas flexível. Um negociador tem de ser firme relativamente às questões mais importantes para si, mas tem de ser flexível em relação às questões menos importantes. A título de exemplo, veja-se o caso de Verónica, uma atarefada executiva, quando "negociou" com uma *babysitter*. O preço por hora era bastante importante para a *babysitter*, mas para Verónica ter o controlo das férias da *babysitter* era a questão mais importante. A solução? Preço por hora mais elevado em troca de férias controladas pelo empregador!

> Um negociador tem de ser firme relativamente às questões mais importantes para si, mas tem de ser flexível em relação às questões menos importantes.

É difícil imaginar por que razão é que os negociadores não conseguem fazer o *logrolling* quando tal seria claramente do seu maior interesse. O principal obstáculo tem que ver com o destrutivo e generalizado mito da soma-fixa. Os negociadores podem pressupor erradamente que os interesses da outra parte são total e completamente opostos aos seus. Por isso, acabam por mentir à outra parte acerca das suas próprias preferências.

O mais provável é que a outra parte tenha preferências e valores diferentes dos nossos. Esta assimetria cria nas negociações muito mais potencial para resultados *win-win*.

Vejamos o *logrolling* entre a compradora e o vendedor referidos na 28ª Verdade:

Compradora: Aparentemente, há três questões a ter em conta: preço, quantidade e prazo de entrega. Está de acordo comigo? Eu tenho interesse em todas estas questões mas, para ser franca, o preço é o mais importante, o prazo de entrega vem a seguir e tenho alguma flexibilidade em relação à quantidade, mas apenas se tiver boas condições nas outras questões.

Vendedor: Obrigado por partilhar comigo essa informação. Para a minha empresa o preço é muito importante, pelo que não podemos ser muito flexíveis nesse domínio. Porém, estou interessado nas suas propostas em termos de quantidade e prazo de entrega. Nós somos uma empresa vocacionada para vender em grande quantidades. Como tal, não tenho grande margem de manobra na quantidade.

Mas normalmente consigo fazer entregas *just-in-time* desde que a sua empresa vá ao encontro das nossas necessidades em matéria de preço e quantidade.

Compradora: Isso dá-me uma ideia. O que é mais atractivo para si? Eu comprar uma quantidade média e você garantir um prazo de entrega médio ou eu comprar uma grande quantidade e você garantir rapidez na entrega? Nós preferimos comprar uma grande quantidade e sermos rapidamente fornecidos.

Vendedor: A minha empresa concorda inteiramente com isso. Assim, ficamos pela grande quantidade e entrega mais rápida?

Compradora: É o que estou a propor.

No fundo, eu e você sabemos que a compradora e o vendedor totalizaram cada um 16 pontos neste *trade-off* entre a quantidade e o prazo de entrega. Além do mais, um acordo a um preço médio daria a cada um mais dez pontos. Isto totalizará 26 pontos para cada um. É uma grande melhoria em relação aos 19 pontos que obtiveram num acordo sem *trade-off*. Um destes interlocutores pode até vir a ser promovido. Além disso, ambos ficaram mais próximos dos seus objectivos e, mais importante, não existe acordo alternativo que seja simultaneamente melhor para ambas as partes.

30ª VERDADE

Faça em simultâneo múltiplas ofertas de valor semelhante

Uma estratégia da negociação que praticamente garante que os negociadores não deixam dinheiro em cima da mesa é a estratégia das múltiplas ofertas. Como é que funciona? Primeiro que tudo, antes de iniciar a negociação o negociador tem de fazer o *unbundling* das questões.

A título de exemplo, consideremos a história da Evelyn. Quando andava à procura de emprego, acatou o conselho de um especialista em recrutamento pelo que, quando numa entrevista lhe perguntaram acerca da sua história salarial, ela contornou o assunto, dizendo: "Vejamos se estamos em sintonia em relação ao que ambos pretendemos antes de falarmos sobre essa questão".

3 | Da 18ª verdade à 32ª verdade (75)

A entrevista correu bem e o entrevistador mostrou-se visivelmente interessado em Evelyn, tendo começado a negociar o eventual pacote remuneratório que ela iria receber.

> Faça o *unbundling* das questões e alinhe-as por ordem de prioridade.

Obviamente, o salário era um aspecto importante para Evelyn mas, atendendo a que era mãe solteira, estavam em jogo mais algumas questões-chave: flexibilidade do horário de trabalho, possibilidade de dar consultas particulares à noite nas instalações da empresa (Evelyn é psicóloga), reembolso dos custos com formação e exames para se especializar em trabalho clínico (para obtenção de licença profissional) e, claro, direito a férias anuais pagas. Assim, Evelyn estava preparada para identificar cinco questões: salário, horário flexível, utilização das instalações, reembolso dos custos de formação e dias de férias.

Como segundo passo, Evelyn percebeu que tinha de listar as questões por ordem de prioridade. Era complicado. Assim, imaginou cem fichas de póquer e distribuiu-as em cinco grupos para reflectir a importância que cada uma das cinco questões tinha em relação às demais. Foi assim que acabou por as distribuir:

- Salário (50)
- Utilização das instalações (20), uma forma lucrativa de aumentar os seus rendimentos
- Horário flexível (15)
- Reembolso dos custos de formação (5)
- Dias de férias (10)

Evelyn é igual à maioria: o salário é bastante importante para ela. No entanto, conforme pode observar, havia outras questões que poderiam prejudicar ou melhorar a sua qualidade de vida, especialmente o horário flexível e a possibilidade de poder usar as instalações da empresa para consultas particulares.

Depois de fazer o *unbundling* das questões e de as alinhar por ordem de prioridade, Evelyn criou três combinações das questões de valor relativamente igual para ela: os pacotes A, B e C:

(76) A Verdade Sobre a Negociação

Pacote A: salário de cem mil dólares anuais (que era a quantia que a empresa estava a oferecer), horário de trabalho flexível, reembolso dos custos de formação e nenhuma limitação a consultas particulares.

Pacote B: salário de 130 mil dólares anuais, horário rígido, três semanas de férias pagas, não reembolso dos custos de formação e possibilidade de dar consultas particulares, mas com controlo por parte da entidade patronal.

Pacote C: salário de 120 mil dólares anuais, três dias por semana com horário flexível, não reembolso dos custos de formação, possibilidade de dar consultas particulares apenas dois dias por semana e três semanas de férias pagas.

Evelyn ponderou cuidadosamente estas três alternativas, de forma que todas tivessem exactamente o mesmo valor para ela. Chegou a um ponto em que lhe seria indiferente que a entidade patronal escolhesse ao acaso qualquer um dos três pacotes remuneratórios; qualquer um deles a deixaria satisfeita.

31ª VERDADE

Acordos pós-acordo

"Quem é o seu negociador preferido?", perguntam-me muitas vezes. Muitos esperam que eu responda Henry Kissinger ou Donald Trump. Mas, em vez disso, nomeio o professor Howard Raiffa, da Universidade de Harvard. Espere lá, poderá argumentar, mas os professores não são simples teóricos de poltrona? Howard Raiffa é um teórico talentoso, isso é certo, mas é também um negociador espantoso. O seu livro, intitulado *The Art and Science of Negotiation*, está repleto de abordagens fantásticas às negociações da vida real.

A primeira vez que li a descrição de Raiffa sobre os acordos pós-acordo, fiquei impressionada com a sua total simplicidade e elegância. No entanto, não conhecia uma única pessoa de negócios que estivesse a par do assunto. Mas assim que aprendem este conceito, ficam como eu: viciados.

O que é, então, um acordo pós-acordo?

Bob e Susan Sanderson são fanáticos por exercício físico, mas não ao ponto de transportar pesadíssimos aparelhos de treino para sua casa, carregando-os escadas abaixo até ao ginásio que fizeram na cave. Assim, quando foram aos saldos da loja Costco da sua área de residência e compraram um novo equipamento inacreditavelmente pesado, negociaram com a Costco a entrega ao domicílio. Foram estes os termos do acordo.

Chegou o dia da entrega e era visível o desagrado do condutor por ter de carregar com aquela caixa enorme e volumosa até à casa dos compradores. De facto, ele afirmou que apenas levaria a caixa *até às escadas* e não *escadas acima*. O ideal para os Sanderson era que ele entrasse pela garagem e descesse as escadas até à cave. Mas ele disse que nem pensar.

Os Sanderson viram aqui uma oportunidade para um acordo pós-acordo. Perceberam que o principal interesse do condutor era financeiro, ao passo que o deles era físico – o que significava que Bob não queria ser operado pela terceira vez à sua hérnia. Assim, os Sanderson sugeriram que, talvez por mais 50 dólares, o condutor estivesse disposto a levar o aparelho até à cave. O casal também percebeu que um dos receios do condutor era ser acusado de sujar a alcatifa ou estragar alguma coisa dentro de casa. Disseram-lhe que não estavam preocupados com a alcatifa e que assumiriam total responsabilidade se o aparelho escorregasse e estragasse alguma coisa. E puseram "a cereja em cima do bolo" ao dizerem que lhe pagariam em notas.

> Assim sendo, um acordo pós-acordo representa a melhoria mútua de um acordo já considerado pelas partes como aceitável.

Cerca de 75 por cento dos negociadores, se tiverem oportunidade de fazer um acordo pós-acordo, irão melhorar mutuamente o acordo inicial.

Pondere sobre o tipo de motivação que os negociadores têm quando renegoceiam os termos de um determinado acordo já alcançado. Se eles pensam que podem intimidar, irritar ou cansar a outra parte com longos discursos, de forma a que esta ceda mais um pouco da sua fatia do bolo, então estão lamentavelmente enganados. Pelo contrário, os negociadores devem compreender que a única maneira de melhorarem os seus resultados passa por melhorar também os resultados da outra parte.

32ª VERDADE

Acordos de contingência

Se o *logrolling* equivale a um Chevy e o acordo pós-acordo equivale a um BMW, então os acordos de contingência equivalem a Ferraris.

Por vezes, os negociadores discordam completamente face a determinada situação ou em relação ao que esperam que aconteça no futuro. Às vezes, essas discordâncias podem ser resolvidas se forem consultados especialistas ou se se fizer alguma pesquisa. Contudo, muitas vezes os negociadores não conseguem resolver esses diferentes pontos de vista pelo facto de não existirem dados relevantes ou pelo facto de discordarem em relação à relevância ou à interpretação desses mesmos dados. Nessas situações, os negociadores podem chegar a uma solução através de contratos de contingência.

> Os contratos de contingência são acordos do tipo "se então" que definem condições que, a verificarem-se, implicam determinadas acções que conduzem a resultados específicos.

Os negociadores inteligentes recorrem aos contratos de contingência em muitas – se não mesmo na maioria – das negociações empresariais. Fazem-no porque os contratos de contingência propiciam acordos *win-win* – tirando partido das diferentes visões do mundo dos negociadores.

Imagine o seguinte cenário. O Estado da Califórnia é apanhado de surpresa por um sismo. Ok, um sismo não constitui propriamente uma surpresa naquela região, mas digamos que não se estava à espera de um naquela altura. A ponte Nimitz caiu, impedindo a travessia da baía de São Francisco. As pontes não podem ser utilizadas e as estradas naquela região do Estado da Califórnia estão intransitáveis, já para não falar do caos em que se encontra a rede de esgotos. O estado precisa de ajuda, e depressa. Vai obter alguma ajuda financeira dos cofres federais mas, à excepção de um labirinto de desvios provisórios, várias centenas de milhares de trabalhadores não conseguirão deslocar-se até aos seus empregos. Assim sendo, que pode o Estado da Califórnia fazer? À semelhança de qualquer burocracia

3 | Da 18ª verdade à 32ª verdade (79)

governamental, o Estado começa a trabalhar "a todo o vapor" e abre concursos públicos para os trabalhos de reparação. Isto pode demorar uma eternidade, certo?

No entanto, aquilo que o Estado faz de diferente, e bastante depressa, é que assim que recebe a proposta de orçamento mais baixa – e não vou alongar-me sobre o facto de o sistema que defendemos optar pelo proponente com o orçamento mais baixo no que respeita à construção das estradas por onde conduzimos os nossos automóveis –, negoceia o prazo de conclusão da obra. O Estado sabia que o dinheiro era importante para o empreiteiro e que o tempo era importante para conseguir que a situação volte à normalidade.

O empreiteiro sabia quanto tempo demora construir ou reparar estradas naquela escala. Mas também teve em conta o que podia encaixar. Mostrem-me o dinheiro!

Assim, o Estado negociou um contrato de contingência para pagar todas as reparações necessárias. Estabeleceu um prazo bastante ambicioso: seis meses. Se o empreiteiro realizasse as obras dentro do prazo, receberia um bónus no valor de vários milhões de dólares. Isto colocou ambos os negociadores do mesmo lado da mesa. O Estado queria as obras prontas o mais depressa possível e o empreiteiro queria ganhar o máximo de dinheiro possível.

Acabaram por delinear um acordo em que estava previsto o referido bónus, mas que também previa penalizações se o empreiteiro excedesse o prazo definido. O empreiteiro estava disposto a correr o risco de ganhar menos dinheiro, já que também tinha a possibilidade de ganhar muito mais. E saiba que as obras acabaram a tempo, ainda antes do final do prazo. O empreiteiro recebeu o seu bónus e a circulação rodoviária regressou ao normal no Estado da Califórnia.

Imagine uma negociação em que a sua visão do mundo não tem nada a ver com a da outra parte. Teria conseguido chegar a um acordo de contingência?

Agora pense numa ocasião em que teve uma atitude perante o risco diferente da outra parte. Talvez você fosse avesso ao risco e a outra parte o tolerasse. Teria conseguido delinear um acordo de contingência tendo em conta esta postura tão díspar? Por exemplo, uma vez eu e o meu marido tivemos diferentes perspetivas de uma situação: eu achava que conseguiria chegar a casa, vinda de um compromisso, a tempo de lhe entregar o carro para ele ir a um evento muito importante, mas ele achava que eu não chegaria a tempo (por várias razões, ambos queríamos usar o meu carro). Como ele se mostrou muito mais avesso ao risco do que eu nesta situação, disse-lhe que, se não conseguisse chegar a casa a determinada

(80) A Verdade Sobre a Negociação

hora, seria eu quem compraria e prepararia toda a comida para um jantar que íamos dar na semana seguinte, tarefa que habitualmente seria dividida pelos dois. Ele aceitou a proposta (que, já agora, perdi).

Uma outra situação em que se pode recorrer a acordos de contingência é quando os negociadores têm diferentes preferências em termos temporais. Alguns pretendem ser reembolsados no imediato, mas a outra parte poderá estar mais interessada no reembolso a longo prazo.

> Para serem eficazes, os acordos de contingência devem obedecer no mínimo a três critérios: alinhamento de incentivos, exigibilidade e mensurabilidade.

Antes de mais, os contratos de contingência não devem incentivar os negociadores a delinear objectivos contraditórios. Em vez disso, devem servir para alinhar objectivos, como aconteceu no caso da reparação das vias rodoviárias no Estado da Califórnia. Em segundo lugar, incito fortemente os negociadores a formalizarem por escrito os contratos de contingência, com o devido aconselhamento jurídico. Por último, mas não menos importante, decida com antecedência de que forma é que os termos do acordo vão ser medidos.

(4)
Da 33ª verdade
à 42ª verdade

Neste capítulo, vai aprender:

- a dominar o princípio da reciprocidade, do reforço e da afinidade;
- a usar o poder de forma responsável;
- falta texto?? .

33ª VERDADE

É um negociador esclarecido?

Imagine que está a negociar com o seu gémeo, uma pessoa que tem uma personalidade muito parecida com a sua. Como é que decorreria a negociação? Terminaria com demonstrações de afecto? Numa violenta discussão? Num impasse? Se a resposta não apontar para um resultado *win-win*, então estamos perante um problema. Um dos dois precisa de mudar de atitude.

Suponha que está a negociar com alguém em quem confia, que admira e com quem deseja manter um relacionamento de longo prazo. Que tamanho quer que o bolo tenha? Não se trata de uma pergunta ardilosa. Quer que seja enorme. E de que forma pretende dividir esse bolo enorme? Esta sim, já é uma pergunta mais ardilosa. Poderá responder que prefere dividi-lo "ao meio" ou "de forma justa".

Ok, então vamos alterar a pergunta. Imagine que está prestes a negociar com alguém em quem não confia, que não lhe agrada e pela qual não sente qualquer respeito. Que tamanho quer que o bolo final tenha? Se respondeu "o maior possível", está correcto. Mas como é que o quer dividir? Provavelmente alimenta a esperança de conseguir levar a outra parte a aceitar termos que estejam para ela no limite do aceitável, conseguindo assim que todo o valor acrescentado reverta para si.

Estes dois casos extremos revelam um importante aspecto: quer adoremos ou odiemos a outra parte, confiemos ou não nela, possamos ou não voltar a encontrá-la no futuro, queremos sempre extrair todo o potencial de um acordo.

> A negociação *win-win* pode ser usada exclusivamente para interesse próprio, mas é também a melhor estratégia nas negociações totalmente altruístas.

Mas poderemos ter diferentes razões para esse objectivo. No primeiro caso (quando eu gosto muito de si), quero dividir um grande bolo entre os dois porque valorizo o meu bem-estar e o seu. No segundo caso, a única razão que me leva a querer um grande bolo de recursos para repartir é pretender maximizar a minha fatia e por saber que haverá mais para mim se descobrir como aumentar o bolo.

4 | Da 33ª verdade à 42ª verdade (83)

Assim, uma das principais revelações relacionadas com as negociações *win-win* é que devemos querer sempre maximizar o bolo, independentemente das circunstâncias ou do nosso grau de altruísmo *versus* oportunismo. A negociação *win-win* pode ser usada exclusivamente para interesse próprio, mas é também a melhor estratégia nas negociações totalmente altruístas.

Seria uma ingenuidade acreditar que as outras partes que vai encontrar ao longo da vida não são tão inteligentes ou não estão tão motivadas como você. O negociador esclarecido admite que a outra parte é inteligente, ambiciosa e possui motivações complexas e multifacetadas.

Uma das minhas primeiras experiências no âmbito da negociação esclarecida aconteceu com uma grande companhia farmacêutica que pretendia disponibilizar um programa de formação em negociação com a duração de vários dias. "Convidámos clientes-chave para esta formação", disseram-me os responsáveis pela farmacêutica que tinham desenvolvido o programa. Fiquei perplexa – eles tinham convidado o "inimigo" para ouvir todos os seus segredos sobre negociação! Explicaram-me então que preferiam que aqueles com quem negociavam diariamente fossem tão especialistas como eles ao nível da capacidade de conseguirem ganhos mútuos, através de acordos *win-win*. Para mim, aquilo foi uma revelação.

> Uma das piores coisas que lhe pode acontecer enquanto negociador é ter de chegar a um acordo com alguém que saiba muito menos em matéria de negociação do que você.

É muito frequente o negociador não esclarecido não ter feito o *unbundling* da negociação ou não ter ordenado por prioridades – ou pelo menos considerado – os seus interesses; dessa forma, agarra-se a posições e exigências como se fossem tábuas de salvação num oceano tempestuoso.

O negociador esclarecido, por seu turno, percebe que a melhor outra parte que poderia ter seria, de facto, o seu gémeo – alguém que está ao seu nível em termos de inteligência, conhecimentos e motivação.

34ª VERDADE

O princípio da reciprocidade

Pouco tempo depois de os EUA entrarem na Segunda Guerra Mundial, os norte-americanos juntaram-se aos britânicos em custosos bombardeamentos aéreos da Alemanha. Parte do objectivo era desmoralizar os alemães e quebrar-lhes a tenacidade. Os EUA e o Reino Unido estavam convictos de que uma série de bombardeamentos desmoralizariam os alemães e os fariam retroceder. No entanto, o plano de desmoralização não resultou. Os inquéritos levados a cabo pelo Departamento de Serviços Estratégicos, que comparou as áreas mais e menos bombardeadas, não revelaram diferenças significativas no que diz respeito à vontade de resistência dos civis.

Vários outros conflitos apresentaram o mesmo padrão psicológico, tais como Pearl Harbour, África do Sul e Vietname. Em todos estes casos, o agressor actua com a falsa crença de que a agressão levará à submissão do seu alvo. No entanto, inevitavelmente, a agressão convida à agressão.

O *princípio da reciprocidade* é provavelmente o conceito de Psicologia mais importante, mas também o menos compreendido. Caracteriza relações entre pessoas, grupos e nações em guerra.

O princípio da reciprocidade é, muito simplesmente, a tendência para se tratar os outros da mesma forma que se é tratado.

Os vendedores compreendem o efeito da reciprocidade. Os vendedores que primam pela excelência sabem que pequenos actos de generosidade desencadeiam uma forte obrigação psicológica que resulta em vendas acrescidas. Os mediadores imobiliários também compreendem o efeito da reciprocidade (sendo por isso que lhe oferecem calendários e ímanes para o frigorífico). O efeito da reciprocidade não conhece fronteiras culturais, conforme já foi confirmado em praticamente todos os países do mundo. E a sensação de ficar em dívida para com os outros intensifica-se rapidamente; se um grupo recebe um favor de outro grupo, mas não tem condições para retribuir de imediato esse favor, cabe à geração seguinte pagá-lo.

Então, por que razão tantos negociadores bem intencionados se comportam como *bulldogs* nas negociações e depois se questionam sobre o motivo de a outra parte optar por pagar na mesma moeda em vez de se submeter? Acho que a resposta é simples: todos temos um duplo padrão psicológico no que se refere a recorrer à força. Achamos que, se recorremos à força, conseguiremos intimidar e enfraquecer a outra parte. No entanto, também achamos que iremos retaliar se alguém usar da força connosco. Uma vez mais, o modelo do gémeo é a chave nestas circunstâncias: parta do princípio que a outra parte é tão inteligente e está tão motivada como você.

> Assim sendo, sempre que pensar em ser agressivo numa negociação, tenha em conta que essa atitude só vai aumentar, decididamente, a probabilidade de o seu interlocutor fazer o mesmo.

Apesar de o princípio da reciprocidade poder caracterizar o uso da agressão e da competição numa negociação, também se aplica ao aspecto construtivo da cooperação nas negociações. Por outras palavras, se eu optar por tentar estabelecer um relacionamento de confiança numa negociação, terei aumentado ou diminuído a probabilidade de você responder exactamente na mesma medida? Resposta: tê-la-ei aumentado.

> Parta do princípio que a outra parte é tão inteligente e está tão motivada como você.

35ª VERDADE

O princípio do reforço

Um grupo de estudantes matreiros reuniu-se antes de uma aula e decidiu testar o poder do princípio do reforço. Sempre que o professor se dirigia para o lado direito da sala de aula, eles sorriam atentamente, davam sinais de assentimento com a cabeça e sentavam-se direitos na cadeira. No entanto, quando o professor se dirigia para o lado esquerdo, os estudantes afundavam-se nos assentos, desviavam o olhar e mostravam-se desinteressados. De que lado da sala é que o professor passou mais tempo: do direito ou do esquerdo? A resposta óbvia é que passou muito mais tempo do lado direito da sala de aula. Os estudantes conseguiram reforçar de forma positiva o comportamento do professor. Contudo, o professor não percebeu por que razão terminou a aula do lado direito da sala. O que nos leva a uma importante característica do princípio do reforço: ocorre a um nível que não é conscientemente percepcionado por nós.

Em que circunstâncias quereria adoptar o princípio do reforço no decorrer de uma negociação? Resposta: sempre que quisesse intensificar um determinado comportamento.

> Nas negociações, demonstram-se vários comportamentos, alguns agradáveis e construtivos, outros ofensivos e destrutivos.

Idealmente, a nossa intenção é encorajar a outra parte a manifestar comportamentos que nos ajudarão a aumentar o tamanho do bolo. E é possível fazê-lo se seguirmos alguns princípios do reforço comportamental.

- Seja imediato – Estamos a falar de segundos, quando está em causa recompensar determinado comportamento. Assim, se esperar vários minutos para mostrar a sua concordância e sorrir para o seu interlocutor, terá perdido a sua oportunidade de recompensar aquele comportamento.
- Não seja ambíguo – A sua recompensa deve ser clara e simples, como é o caso de um claro e simples sinal de assentimento, um sorriso aberto, contacto visual ou um elogio sincero.
- Recompense comportamentos e não posturas implícitas – O princípio do reforço funciona muito bem no que diz respeito a comportamentos. Não tente recompensar uma atitude, predisposição ou intenção da outra parte. O meu princípio básico é agarrar-me aos comportamentos que possam ser associados a alguma abertura da outra parte. A título de exemplo, não tente reforçar o comportamento de alguém que está a falar com sinceridade. No entanto, deve recompensar a outra parte se esta lhe mostrar as suas anotações ou o relatório e contas da empresa.
- Seja coerente – Se por vezes recompensa um determinado comportamento e outras vezes não presta a devida atenção ou até penaliza esse mesmo comportamento, estará a fazer passar uma mensagem dúbia ao seu interlocutor. Seja coerente nas suas recompensas.

Os comportamentos que se seguem podem ser considerados recompensas na maioria dos contextos. Criam bases para a cooperação e não exigem que abramos mão de parte da zona de possível acordo (ZOPA):

- Sorrir
- Assentir com a cabeça
- Manter contacto visual (é o aconselhável em muitas culturas, mas tenha em conta que em determinadas culturas isto pode ser considerado ameaçador e um sinal de domínio e não de apreço)
- Diga frases com verbos, tais como "Gosto disso"
- Ou "Isso agrada-me"
- Ou "Isso é óptimo"
- Ou até "Fale-me mais sobre isso"

36ª VERDADE

O princípio da afinidade

Pense na última festa a que foi e em que conheceu alguém. Quase de certeza que passou a primeira parte da conversa a tentar encontrar pontos em comum. Quando as pessoas acabam de se conhecer, procuram incessantemente pontos em comum. Por exemplo: "Acho que estou a detectar um certo sotaque texano"; "Conhece a minha amiga Rhonda?"; "Em que escola andou?"

O impulso irreprimível de tentar encontrar um ponto em comum com os outros está profundamente entranhado na maioria de nós. Trata-se da nossa forma primitiva de avaliar se uma pessoa é amiga ou adversária, se constitui uma ameaça ou uma oportunidade.

> Alguém parecido connosco poderá partilhar as nossas características inatas e trabalhará connosco, não contra nós.

Os negociadores fazem exactamente a mesma coisa. Tentam encontrar pontos em comum. E, de facto, o jogo da afinidade faz muitas vezes parte do pré-jogo das negociações.

As manifestações do princípio da afinidade são impressionantes. Numa investigação, os participantes no estudo foram divididos ao acaso

(88) A Verdade Sobre a Negociação

em dois grupos: os que contabilizaram pintas a mais e os que contabilizaram pintas a menos (todos tinham que tentar adivinhar quantas pintas havia numa página).[17] Depois, essas pessoas foram informadas que tinham contado pintas a mais ou a menos (mas a verdade é que, obviamente, essa informação lhes foi fornecida aleatoriamente). Em seguida, encetavam negociações com alguém que supostamente teria contado pintas a mais ou a menos, consoante a informação que lhes era fornecida. Os resultados foram impressionantes: as pessoas demonstravam uma cooperação muito maior com os interlocutores que supunham fazer parte do seu grupo. Foi uma conclusão chocante, porque, no fundo, quem é que quer saber de contagem de pintas? Mas este é um aspecto que importa salientar: as pessoas cooperam mais com os interlocutores que supõem ter pontos de vista iguais aos seus do que com aqueles que consideram ser diferentes na forma de ver as coisas. Compete-nos, por isso, encontrar pontos em comum com a outra parte.

Num outro estudo, os participantes numa manifestação política mostraram-se mais dispostos a assinar uma petição quando o requerente estava vestido como eles.[18] Além disso, assinavam a petição sem sequer a lerem quando o requerente se vestia da mesma forma que eles!

> Compete-nos, por isso, encontrar pontos em comum com a outra parte.

O princípio da afinidade também se aplica às redes de contactos. Se em relação a uma determinada pessoa você conseguir encontrar um terceira pessoa que ambos conhecem, então terá encontrado um mecanismo psicológico poderoso para criar uma relação com a primeira pessoa. Suponha, por exemplo, que Mary está a negociar com Ned. Nunca se tinham cruzado na vida, mas Mary apercebe-se de que Ned conhece (e gosta de) José. Mary também gosta de José. Isto significa que o mais provável é que Mary e Ned queiram ter um bom relacionamento, colocando assim toda a rede social num estado de harmonia.

37ª VERDADE

Saiba quando lançar uma âncora

Numa experiência foi pedido aos participantes que calculassem quantos países africanos são membros das Nações Unidas.[19] A maioria não consegue responder a esta pergunta sem fazer uma pesquisa no Google, por isso dá um palpite. Neste estudo, as pessoas estavam frente a uma roda da sorte. Metade das vezes, o responsável pelo estudo fazia girar a roda da sorte e calhava sempre um número alto (cem, por exemplo); na outra metade das vezes, o número era muito menor (dez, por exemplo). De que forma é que os números que saíam na roda da sorte influenciaram a estimativa dos participantes relativamente ao número de países africanos membros da ONU? Apesar de não ter muita lógica que um número saído ao acaso pudesse ter algo a ver com o palpite que era dado, o certo é que influenciou fortemente os participantes. Aqueles que viram sair o número alto ajustaram o seu palpite para baixo desse valor, mas não suficientemente abaixo (o palpite médio foi de 50). Aqueles que viram sair o número baixo ajustaram o seu palpite mais para cima, mas não suficientemente acima (o palpite médio foi de 15). O verdadeiro número de países africanos membros da ONU é 53.[20]

O interessante neste estudo com a roda da sorte é que todos sabem que as rodas da sorte se baseiam no acaso. Assim, de certa forma, as pessoas não deveriam ter atribuído qualquer importância ao número saído. Isto leva-nos a outro importante aspecto do efeito de ancoragem: mesmo quando a âncora inicial é visivelmente arbitrária ou completamente disparatada, a verdade é que continua a exercer um forte impacto nas estimativas das pessoas.

O *efeito de ancoragem* refere-se ao facto de se tender a formular estimativas com base num determinado ponto de partida, ajustando-o depois para cima ou para baixo, mas sem se conseguir proceder a ajustamentos suficientemente grandes.

Um outro exemplo: foi pedido aos participantes que adivinhassem quantos médicos constavam da lista telefónica de Manhattan. É óbvio que ninguém sabe essa informação de cabeça. Perguntou-se a alguns se achavam que o número era superior ou inferior a cem. A outros perguntou-se se achavam que era superior ou inferior a um milhão. Obviamente que há mais de cem médicos em Manhattan, mas certamente

(90) A Verdade Sobre a Negociação

serão menos de um milhão. No entanto, estas duas âncoras diferentes fizeram com que os participantes dessem palpites muito díspares acerca do número real de médicos em Manhattan.

> Nas negociações, a sua oferta inicial assume o papel de âncora – e o mesmo acontece com a oferta inicial da outra parte.

Se você for um comprador, a sua proposta inicial pode ser inaceitável para o vendedor, mas não deixará de funcionar como âncora.

As âncoras podem ser números, mas também podem ser os seus argumentos de suporte ou os dados de que dispõe. As âncoras são mais poderosas quando são complementadas com factos, dados e lógica. Assim sendo, é muito mais eficaz justificar a sua proposta inicial com informação relevante e factos do que simplesmente apresentar a oferta.

> As âncoras são mais poderosas quando são complementadas com factos, dados e lógica.

38ª VERDADE

O efeito de estruturação*

O que é que preferiria ter?

A. Dez mil dólares garantidos

ou

B. Cinquenta por cento de hipóteses de ganhar 20 mil dólares e 50 por cento de hipóteses de ganhar nada

A esta proposta tentadora dá-se o nome de "conflito aproximação-aproximação" porque ambas as opções são bastante atractivas (gostamos das duas!). Existe um certo conflito interno perante a escolha, porque

---

* **N. T.** No original, *framing*.

por mais que gostássemos de ganhar 20 mil dólares, há 50 por cento de hipóteses de perder tudo. A grande maioria a quem é dado a escolher entre estas duas alternativas, escolhe a A (cerca de 85 por cento dos meus estudantes de MBA e de cursos para executivos prefeririam ter dez mil dólares garantidos do que optar pelos 50 por cento de probabilidades de ganhar o dobro do dinheiro).

Este fenómeno ilustra um princípio elementar do comportamento humano, a que se dá o nome de *aversão ao risco*.

> Na hora de optar entre hipóteses atractivas, a maioria prefere "ter um pássaro na mão do que dois a voar".

Mas mudemos um pouco o cenário do jogo. Imagine que alguém lhe aponta uma arma num beco escuro, noite dentro, e lhe dá a escolher entre:

C. Perder dez mil dólares

ou

D. Ter 50 por cento de hipóteses de perder 20 mil dólares e 50 por cento de probabilidades de perder nada

(Para que a cena pareça mais real, parta do princípio que essa pessoa tem capacidade para lhe extorquir o dinheiro).

Estamos perante um conflito "afastamento-afastamento", porque nenhuma das opções é atractiva. Com efeito, qualquer uma delas é bastante desagradável, mas tem uma arma apontada a si e há que escolher. Nesta situação, a maioria prefere arriscar – por outras palavras, opta por atirar a moeda ao ar, correndo o risco de poder perder uma grande quantia de dinheiro, mas tendo também a hipótese de não perder nada. Este comportamento ilustra um princípio elementar do comportamento humano, a que se dá o nome de *atracção pelo risco*.

Mas agora encontramo-nos perante um enigma: como podem as pessoas ser simultaneamente avessas ao risco e atraídas por ele?

(92) A Verdade Sobre a Negociação

Foi neste ponto que o psicólogo Daniel Kahneman*, da Universidade de Princeton, veio em nosso auxílio. Segundo Amos Tversky e Daniel Kahneman, a opção de evitar ou aceitar o risco depende da estruturação do problema ou decisão.[21] Quando se pede às pessoas que tomem decisões "aproximação-aproximação" (ou seja, escolher entre uma coisa atractiva certa e uma coisa ainda mais atractiva mas incerta), a maioria mostra-se avessa ao risco. Porém, se a mesma possibilidade estiver num contexto de "afastamento-afastamento", a perspectiva muda e as pessoas mostram-se muito mais dispostas a arriscar!

> Na verdade, praticamente qualquer decisão que tomemos na vida pode ser estruturada como um ganho ou uma perda relativamente a *algo*.

Realmente o nosso ponto de referência para definir ganhos e perdas é bastante arbitrário. Um ponto de referência define aquilo que determinada pessoa considera ser um ganho ou uma perda. Os negociadores experientes sabem de que forma hão-de estruturar as propostas que fazem aos seus interlocutores ao seleccionarem cuidadosamente pontos de referência.

> Na verdade, praticamente qualquer decisão que tomemos na vida pode ser estruturada como um ganho ou uma perda relativamente a *algo*.

Max Bazerman, Tom Magliozzi e Margaret Neale demonstraram a eficácia do efeito de estruturação nas negociações. Disseram a alguns negociadores que deveriam tentar "reduzir os seus prejuízos" e a outros disseram que deviam tentar "maximizar os seus ganhos".[22] No entanto, em ambos os casos, as suas situações financeiras objectivas eram absolutamente idênticas. Por outras palavras, a única diferença esteve na forma como os negociadores estruturaram a sua própria situação financeira.

Bazerman, Magliozzi e Neale esperavam que os negociadores a quem foi sugerido que reduzissem os seus prejuízos se comportassem muito mais como a pessoa apanhada no beco escuro: por outras

---

* **N. T.** Co-laureado Prémio Nobel da Economia de 2003.

palavras, estariam mais dispostos a assumir riscos. Eis o que aconteceu: os negociadores a quem foi dito que reduzissem os seus prejuízos fizeram menos concessões na negociação e chegaram a mais situações de impasse do que os negociadores a quem foi dito que maximizassem os seus ganhos. Preferiram arriscar, recusando todas as propostas que tinham em cima da mesa, decidindo-se por uma linha de acção arriscada que foi abrirem mão de um acordo garantido (na esperança de conseguirem outro ainda melhor!)

Este efeito mostra claramente que os negociadores que têm em mente a redução dos seus prejuízos adoptam estratégias de negociação mais arriscadas, preferindo esperar por um acordo melhor, mas também mais arriscado.

> Em contraste, os negociadores a quem foi dito para maximizarem os seus ganhos mostram-se mais dispostos a jogar pelo seguro.

Como é óbvio, é do seu interesse colocar o seu interlocutor numa estruturação de ganho. Isto aumentará as probabilidades de a outra parte aceitar a sua oferta. Se o seu interlocutor vir na sua oferta uma perda, optará por tomar uma decisão arriscada, como abandonar a mesa de negociações.

O efeito de estruturação é uma poderosa espada de dois gumes: você pode "estruturar" os outros, mas também pode ser "estruturado"! Assim, antes de qualquer negociação, pense nos seus pontos de referência!

39ª VERDADE

Responder a explosões de raiva

Alguns negociadores, como Donald Trump, são conhecidos pelas suas explosões de raiva à mesa das negociações. Isto significa, frequentemente, atirar com pratos ao chão, usar de arrogância, fazer ameaças e ser ofensivo na linguagem. Será este comportamento eficaz quando se quer que o interlocutor faça concessões?

Muitas explosões de raiva não são genuínas. Pelo contrário, são expressões de emoções cuidadosamente orquestradas, que têm como objectivo fazer reagir a outra parte. Esta é a diferença entre as emoções sentidas e a manifestação estratégica de determinadas emoções.

(94) A Verdade Sobre a Negociação

> Muitas explosões de raiva (...) são expressões de emoções cuidadosamente orquestradas, que têm como objectivo fazer reagir a outra parte.

Numa situação de estudo encenada[23], destinada a determinar até que ponto é boa ou má ideia manifestar uma emoção negativa à mesa das negociações, foi dada aos negociadores participantes uma melhor alternativa para um acordo negociado (MAPAN) em estado de degradação, o que significava que as suas linhas de acção alternativas se estavam a dissipar rapidamente e que a única oportunidade na cidade era trabalhar com o negociador X. O negociador X foi instruído para adoptar um de três estilos emocionais: bastante cordial e atencioso (o Sr. Simpático); extremamente rude e exigente (o Sr. Mau Génio) e nem rude nem simpático (o Sr. Indiferente).

Todos os negociadores foram colocados pelo negociador X numa situação de "pegar ou largar". O que estava em causa era perceber qual dos três estilos emocionais seria mais eficaz. Acontece que o Sr. Mau Génio foi o menos eficaz. Talvez por despeito ou por estarem demasiado irritados, ninguém quis fazer negócio com o Sr. Mau Génio, mesmo quando as suas MAPAN se estavam a deteriorar rapidamente.

Num outro estudo, um negociador fazia uma proposta de "pegar ou largar" e, em 50 por cento das situações, dizia uma piada (por exemplo: "E até lhe ofereço o meu sapo de estimação"); nos outros 50 por cento dos casos, não dizia a piada. Em ambas as situações, as propostas foram iguais. No entanto, a taxa de aceitação não foi a mesma. As pessoas gostaram mais do negociador com sentido de humor do que do negociador sem sentido de humor.[24]

40ª VERDADE

Qual é a sua imagem de marca?
(Conheça o seu estilo de negociação)

Qual das seguintes frases já utilizou ou ouviu numa negociação? Seja honesto. Melhor ainda, peça aos seus colegas para responderem por si. Contabilize um ponto por cada frase que já tenha dito e dois pontos se diz frequentemente algo parecido. Por cada frase que não faça parte do seu vocabulário, atribua um zero.

4 | Da 33ª verdade à 42ª verdade (95)

1. Não é assim que fazemos as coisas.
2. É a minha última proposta.
3. Tem de propor algo melhor do que isso, caso contrário não temos acordo.
4. Qual é para si o aspecto mais importante?
5. De acordo com as minhas anotações, não foi isso que combinámos.
6. Quero partilhar consigo alguns dos meus interesses.
7. Vou telefonar ao meu advogado (ou qualquer menção a um advogado).
8. Isso é a coisa mais absurda que eu já ouvi.
9. Gostaria de saber mais acerca dos aspectos que mais valoriza.

Primeiro some a sua pontuação relativa ao Poder (perguntas 2, 3 e 8). Depois, some a sua pontuação relativa aos Direitos (perguntas 1, 5 e 7). Por último, some a sua pontuação relativa aos Interesses (perguntas 4, 6 e 9).

***

Jeanne Brett passou vários anos em minas de carvão a observar o desenrolar de negociações extremamente controversas entre os trabalhadores e a administração. Fez a mesma análise nas negociações entre os representantes sindicais e a administração de uma companhia aérea. No seu livro *Getting Disputes Resolved* (escrito em parceria com Steve Goldberg), a autora diz ter descoberto que praticamente tudo aquilo que é dito pelas pessoas pode ser agrupado em três grandes áreas: interesses, direitos ou poder. Com base nisto, Brett e Goldberg criaram a sua própria teoria dos estilos de negociação que designaram de Modelo de Interesses, Direitos e Poder.[25]

- Poder – As manifestações de poder traduzem-se por quaisquer afirmações que tentem obrigar o outro a fazer algo que, de outro modo, não faria. Os pais fazem isto com os filhos e pessoas de diferentes níveis hierárquicos fazem-no com frequência. Por exemplo: "Se não fizer X, despeço-o". As manifestações de poder também passam por demonstrar superioridade ou proferir insultos. Quando alguém ameaça deixar de negociar consigo, também está a manifestar poder. A título de exemplo, uma irmã poderá dizer que "se não me deres essa laranja, vou dizer à mãe que conduziste o carro dela sem autorização".

(96) A Verdade Sobre a Negociação

- Direitos – As manifestações de direitos são aquelas que fazem referência a práticas, normas, costumes, regras, linhas orientadoras, direitos legais ou precedentes. Afirmações tais como "Não é assim que fazemos as coisas" ou a focalização excessiva na burocracia são exemplos de manifestações fundamentadas em direitos. O negociador que se baseia nos direitos tenta invocar precedentes. A irmã que se baseia nos direitos poderá dizer: "Enviei-te um *e-mail* no dia 22 de Fevereiro de 2007 a reivindicar essa laranja."
- Interesses – Os negociadores baseados nos interesses tentam ultrapassar as exigências que as outras partes possam fazer e focalizam-se nos objectivos e interesses subjacentes. A irmã que se baseia nos interesses dirá: "Quais são os teus interesses mais prementes relativamente à laranja? Eu, pessoalmente, preciso de pôr o meu negócio de bolos em marcha, portanto é fundamental para mim ficar com a casca."

Se a sua pontuação de Poder foi a mais elevada, tende a fazer jogadas de poder nas negociações em que intervém. Se a sua pontuação de Direitos foi a mais elevada, actua com base nos direitos. Se a sua pontuação de Interesses foi a mais elevada, está de parabéns – opta pela negociação baseada nos interesses.

Assim que conhecer o modelo I-D-P (Interesses-Direitos-Poder), é impossível não catalogar imediatamente os outros. Por exemplo, há pouco tempo vi um carro azul virar bruscamente para o lado esquerdo para conseguir um apetecível lugar de estacionamento. O carro azul colocou-se rapidamente em frente a um carro branco que estava preparado para virar à direita para estacionar no mesmo lugar. O condutor do carro branco mostrou imediatamente o dedo (manifestação de poder). O condutor do carro azul explicou que, na realidade, tinha ligado o pisca antes do outro carro, pelo que tinha direito ao lugar de estacionamento (actuação baseada nos direitos).

O mesmo se passa nos aeroportos. Pense na última vez que esteve num balcão de venda de bilhetes e um cliente enfurecido exigiu uma troca de bilhete. A funcionária recusa. O cliente enfurecido exige a presença do chefe dela (manifestação de poder). A funcionária lê as regras escritas no verso do bilhete (actuação baseada nos direitos). O cliente, ainda mais enfurecido, diz: "Eu sei ler. Andei na escola" (manifestação de poder). A funcionária diz "O senhor tem de afastar-se; tenho de atender os outros clientes" (manifestação baseada nos direitos). Por fim, o chefe aparece e diz: "Qual é o problema? Vamos ver o que podemos fazer" (actuação baseada nos interesses).

> O que importa reter é que não é preciso usar sempre frases com base nos interesses e erradicar do seu vocabulário expressões que denotem poder ou que manifestem os seus direitos.

Os negociadores precisam de falar as três línguas. Você precisa de ser capaz de usar os interesses, direitos e poder nas alturas apropriadas.

41ª VERDADE

Usar o poder de forma responsável

Os anúncios a cerveja aconselham a que se beba de forma responsável. O mesmo se aplica à negociação: use o poder de forma responsável. O poder é a utilização da força ou coacção – psicológica, comportamental ou física.

- Faz uso do poder *psicológico* quando ameaça "nunca mais voltar a confiar em alguém".
- Utiliza o poder *comportamental* quando ameaça "tirar todo o dinheiro da conta conjunta".
- Recorre ao poder *físico* quando dá um murro na outra parte.

Primeiro que tudo, não defendo o uso da força física seja em que circunstância for, excepto, possivelmente, em legítima defesa. Contudo, há alturas na vida em que poderá usar justificadamente a força psicológica ou a força comportamental.

> O principal motivo para fazer uso do poder é dissuadir o seu interlocutor de uma posição ou postura pouco razoáveis.

Por exemplo, se o seu tempo para negociar um acordo já se esgotou, pode decidir levantar-se, começar a arrumar a sua pasta e dizer "Esta é a minha última proposta". Isso seria uma manifestação de poder e recorreria a ela se tivesse esgotado todas as outras estratégias no decorrer do tempo que tinha para negociar.

A segunda coisa a reter é que quando, usa do poder, duplica estatisticamente a probabilidade de a outra parte fazer o mesmo consigo. Por isso, precisa de levar a sério o recurso ao poder. E precisa de saber como "voltar a colocar o Génio na lâmpada".

A última ideia a reter é que as pessoas muitas vezes ficam embaraçadas quando cedem perante a outra parte, dado que querem preservar a sua dignidade. Para compensar, terá de adoptar comportamentos que salvem a face da outra parte.

42ª VERDADE

Salvar a face

De acordo com o perito em negociação Morton Deutsch, salvar a face é o bem mais precioso de um negociador. A face é o valor que atribuímos à nossa imagem pública, reputação e estatuto nas negociações.

Usar o poder de modo responsável implica criar uma forma de ambas as partes poderem regressar à mesa das negociações sem receio de censura social ou perda de auto-estima.

Os negociadores ficam frequentemente tão embrenhados em determinar quem tem razão e quem não tem, que tornam praticamente impossível que se regresse à mesa das negociações com a dignidade intocada.

Além disso, os norte-americanos muitas vezes não se apercebem da importância que o salvar a face tem para pessoas de culturas diferentes. A título de exemplo, se acabei de o envergonhar em frente ao seu chefe, coloquei-o numa posição constrangedora.

> O salvar a face tem duas vertentes: ajudar os outros a proteger e a manter a sua dignidade e atender às nossas próprias necessidades em termos de auto-estima.

Todos nós damos importância à imagem que os outros têm de nós e todos temos as nossas próprias necessidades em termos de amor-próprio. No entanto, algumas situações intensificam a necessidade de se salvar a face:

4 | Da 33ª verdade à 42ª verdade (99)

- Quando as negociações têm lugar num local público.
- Quando se tem de prestar contas perante um grupo ou um superior.
- Quando se negoceia em equipa (por oposição à negociação a título individual).
- Quando há diferenças hierárquicas entre os negociadores.
- Quando os negociadores são, por natureza, muito susceptíveis.

Pode avaliar as necessidades de salvar a face dos negociadores fazendo uso de uma escala denominada escala de Sensibilidade a Ameaças à Dignidade (FTS)*. (Se quiser ver até que ponto é sensível de acordo a escala FTS, estes são os diferentes graus: 1- Não reajo bem a críticas directas. 2- Fico facilmente magoado. 3- Sou muito susceptível. Leia também o artigo intitulado "Face threat sensitivity in negotiation: Roadbook to agreement and joint gain"[26]). Aqueles com um FTS elevado têm um limiar mais baixo de detecção e reacção perante ameaças à sua dignidade. Por outras palavras, não é preciso muito para ficarem zangados e aborrecidos. Em contrapartida, aqueles com um FTS baixo são mais indiferentes; não encaram as situações como algo que os faz parecer ridículos e não são fáceis de ameaçar.

Nas negociações entre comprador e vendedor, são poucos os acordos *win-win* que se conseguem quando o vendedor é muito susceptível (FTS elevado). Mais ainda, em negociações de emprego, os candidatos com um FTS elevado (muito susceptíveis) têm menos probabilidade de alcançarem acordos *win-win*.

Eis algumas das minhas estratégias favoritas para salvar a face e que deverá usar se sentir que a outra parte é muito susceptível (sentindo, por isso, necessidade de salvar a face).

- Peça desculpa. ("Não gostei de algumas coisas que lhe disse hoje. Espero que me desculpe.")
- Elogie a pessoa. ("Acho que as suas ideias quanto ao programa para determinação de preços são particularmente inteligentes e revigorantes.")
- Diga o quanto lhe importa a vossa relação de negócios. ("Sei que estamos concentrados no negócio em mãos, mas quero fazer uma pausa para lhe relembrar a importância, para a nossa empresa, de ter uma boa relação com a vossa empresa.")
- Fale de como aprendeu coisas importantes com as negociações em questão.

---

* **N. T.** No original, Face Threat Sensitivity.

- Peça *feedback* sobre o estado da vossa relação negocial. (Olhe, Steve, sou novato nestas coisas e gostaria muito que me desse algum *feedback* sobre como acha que está a decorrer esta negociação.")
- Destaque as concessões que faz. ("Faço-lhe uma concessão relativamente ao ponto X.")
- Concentre-se no futuro, não no passado. (As pessoas muitas vezes preocupam-se em justificar o seu comportamento.) Uma das minhas citações favoritas de Ury, Brett e Goldberg é: "Não vamos chegar a acordo em relação ao passado, mas podemos vir a alcançar um acordo em relação ao futuro."
- Se a outra parte diz "Esta é a minha última proposta", não reaja com um "Não acredito em si!". Em vez disso, responda: "Compreendo a sua posição e gostaria de conversar sobre alguns pontos em particular".

> Nas negociações entre comprador e vendedor, são poucos os acordos *win-win* que se conseguem quando o vendedor é muito susceptível.

(5)
Da 43ª verdade à 53ª verdade

Neste capítulo, vai aprender:

- a negociar com quem gosta e com quem não gosta;
- construir uma equipa vencedora;
- a saber negociar com uma mulher e com um homem;
- a negociar ao telefone.

43ª VERDADE

Como negociar com alguém de quem não gosta

Pois é, tem de negociar com essa pessoa. E agora?

Muito provavelmente, vai ter de negociar com este tipo de personalidades problemáticas. Terá de descobrir uma forma de lidar com quem é emocionalmente desequilibrado e com quem tem que negociar. Uma vez que medicar o seu interlocutor está fora de questão, o que pode então fazer?

Há três coisas importantes a reter no que respeita a lidar com pessoas difíceis à mesa das negociações.

- Substitua afirmações relativas ao carácter por afirmações relativas ao comportamento.
- Rotule os seus sentimentos, não as pessoas.
- Altere os seus comportamentos, não os seus sentimentos.

Analisemos cada um destes pontos individualmente, pois se ficar consumido por sentimentos de ódio ou repulsa pela outra parte, não será capaz de negociar eficazmente.

> Se ficar consumido por sentimentos de ódio ou repulsa pela outra parte, não será capaz de negociar eficazmente.

Substitua afirmações relativas ao carácter por afirmações relativas ao comportamento

Veja as seguintes afirmações feitas por negociadores:

"Não é possível lidar com o Jack".

"O Larry comporta-se sempre como um idiota quando nos sentamos para uma reunião sobre o orçamento".

"A minha fornecedora, Elizabeth, é psicótica em negociações de vendas".

5 | Da 43ª verdade à 53ª verdade (103)

Isto são exemplos de afirmações relativas ao carácter, pois focalizam-se na personalidade da outra parte. As afirmações relativas ao carácter fundamentam-se na crença de que alguém se comportará de determinada maneira devido à sua personalidade ou carácter. Uma palavra que denuncia claramente uma afirmação relativa ao carácter é, por exemplo, a palavra "sempre" (por exemplo, "A Elizabeth faz *sempre* isto e aquilo"; "O Jack é *sempre* assim"). As afirmações relativas ao carácter colocam a raiz da causa do comportamento de uma pessoa no seu carácter, em vez de a colocarem numa reacção a uma situação em que essa pessoa possa estar. As afirmações relativas ao carácter são atentados à personalidade.

> Qual é a solução? Substitua as afirmações relativas ao carácter das pessoas por afirmações relativas ao comportamento.

As afirmações que se seguem referem-se todas ao comportamento:

"Odeio o facto de o Jack estar constantemente atrasado para as reuniões"

"Não gosto da maneira como o Larry trata os membros mais novatos da sua equipa"

"Fico ressentido quando a Elizabeth muda de ideias após comprometer-se com algo".

Os pais caem muitas vezes na armadilha de tecerem considerações sobre o carácter dos seus filhos: "Tu és chato"; "Estás a dar comigo em doida"; ou a pior: "Tu és mau". Os pais deveriam refazer estas afirmações:

"A maneira como estás a tocar essa música está a aborrecer-me"

"Fazeres-me sempre a mesma pergunta nos últimos 30 minutos deixou-me sem paciência"

"Partir DVDs é muito mau"

Rotule os seus sentimentos, não as pessoas

Quando diz coisas como "Estás agir como um louco", "Ela é agressiva", ou "Ela está a fazer com que eu perca a paciência", você está a transferir toda a responsabilidade do seu comportamento para a outra parte.

Controle melhor as suas relações negativas, assumindo mais responsabilidade pelos seus próprios sentimentos. Mesmo que não consiga alterar os seus sentimentos, poderá assumir mais responsabilidade. Tenha em atenção a tabela que se segue. Do lado esquerdo estão as afirmações comuns que as pessoas fazem no calor de uma discussão. Do lado direito estão as reformulações nas quais os negociadores assumem mais responsabilidade pessoal.

Afirmações típicas feitas por quem não assume responsabilidade pessoal	Reformulações destas afirmações que demonstram controlo e responsabilidade pessoal
"Você está a dar comigo em doido."	"Sinto-me com falta de paciência."
"Ela é demasiado agressiva."	"Fico ressentido quando me fazem ultimatos"
"Você está a arruinar o acordo."	"Não me parece sensato chegar a acordo."
"A sua proposta é ridícula"	"Estou desiludido com os nossos progressos"

Altere o seu comportamento, não os seus sentimentos

Tem, muito provavelmente, algumas "relações complexas" na sua vida de negociador – relações a que não se pode furtar mas que lhe provocam ansiedade pelas mais variadas razões. Pode ter tentado, sem sucesso, mudar os seus sentimentos pela outra parte – talvez tenha falado sozinho inúmeras vezes e feito juramentos a si mesmo de que ia tentar mudar os seus sentimentos acerca da pessoa. Mesmo assim, nada resulta. Ainda guarda ressentimentos em relação a essa pessoa.

É perfeitamente normal ter sentimentos negativos por outra pessoa. Não tente mudar esses sentimentos, pelo menos por agora. Em vez disso, empenhe-se em mudar o seu comportamento. Seja proactivo. Pense em três acções cooperativas nas quais se vai empenhar com a "relação complexa" nos próximos dez dias. Eis alguns passos que pode tentar para começar:

_5_ | Da 43ª verdade à 53ª verdade (105)

- Passe pelo gabinete dessa pessoa e leve-lhe um café.
- Envie a um subordinado dessa pessoa um e-mail simpático, elogiando essa pessoa por um trabalho bem feito.
- Se for apropriado, elogie essa pessoa junto do seu superior.
- Convide essa pessoa para almoçar, sem qualquer intenção de falar de negócios.
- Envie a essa pessoa um livro ou um DVD que sabe que será apreciado.

Pode até ir mais além no que respeita a assumir alguma responsabilidade: da próxima vez que estiver a trabalhar com a senhora Relação Complexa, diga que gostaria de melhorar a vossa relação de trabalho. Pergunte-lhe se ela partilha do mesmo objectivo. Na maioria das vezes, o outro vê-o a si como a relação complexa. Sugira algumas ideias. Peça _feedback_. Dê um aperto de mão.

44ª VERDADE

Como negociar com alguém de quem gosta muito

Negociar com alguém de quem gosta muito, por quem sente um profundo respeito ou teve uma relação prolongada nem sempre é tão fácil como se poderia pensar. Maridos e mulheres e casais de namorados irão mais provavelmente chegar a soluções meramente satisfatórias (chegar a um compromisso medíocre) e obter resultados _lose-lose_!

Quando pensamos em negociações com quem amamos, existe um passado, um presente e um futuro. Quando está muita coisa em jogo, as emoções podem ir ao rubro. Assim, é melhor se você tiver uma abordagem profissional.

A maior parte das negociações que fazemos na nossa vida pessoal, com quem amamos, surgem quando estamos numa situação de conflito. O _conflito_ acontece quando as suas partes percebem de que têm interesses incompatíveis que envolvem recursos escassos (quem leva o carro da família para sair à noite), objectivos (onde ir nas férias em família) ou procedimentos (como disciplinar as crianças).

Muitas das negociações empresariais que abordámos neste livro focalizaram-se puramente nas relações transaccionais (comprador – vendedor). As partes que se encontravam nessas situações foram

(106) A Verdade Sobre a Negociação

ao encontro uma da outra porque vislumbraram uma oportunidade de concretizar um negócio. A título de exemplo, o vendedor e o comprador podem vislumbrar uma oportunidade mútua. A oportunidade leva as pessoas a negociarem. No entanto, as pessoas com relações de longa duração não negoceiam devido a uma oportunidade de negócio, mas porque invadem o espaço uma da outra e têm de resolver o conflito.

No que diz respeito ao conflito nas relações pessoais, o seu ponto de vista acerca do que se passa na relação pode não corresponder de todo à do seu companheiro(a). Por vezes, o conflito pode não existir, mas as pessoas sentem que sim; outras vezes, não se apercebem de que existe um conflito.

Veja esta tabela:

	Conflito existente	Conflito inexistente
Conflito percepcionado	Conflito verdadeiro	Falso conflito
Conflito não percepcionado	Conflito latente	Harmonia

Repare que quando existe de facto um conflito e as pessoas se apercebem disso, trata-se de um conflito *verdadeiro*. Quando não há qualquer conflito, mas as pessoas crêem que há, trata-se de um caso de *falso* conflito. Inversamente, quando o conflito existe mas não se apercebem dele, trata-se de um conflito *latente*.

A harmonia fala por si!

Assim que se aperceber que o conflito é verdadeiro, terá que decidir qual vai ser a sua reacção. De acordo com a psicóloga Carol Rusbult, existem quatro reacções possíveis: saída, lealdade, negligência e explicitação.[27]

A *saída* ocorre quando uma pessoa abandona um relação para ir à procura de algo melhor. Quando sai de uma relação, faz uso da sua MAPAN.

A *lealdade* significa que fica com o seu companheiro e apenas o tolera. Significa que aceita as suas condições e capitulou. Pode simplesmente aceitar a primeira coisa que ele sugerir e nunca exprimir as suas próprias aspirações. Muitas vezes, as pessoas têm receio de magoar ou insultar a outra parte, por isso rendem-se às suas posições. Usualmente não nos sentimos confortáveis a negociar com quem amamos. Isto, claro está, é a forma suprema de chegar a soluções meramente satisfatórias. Chegamos a soluções satisfatórias nos relações pessoais porque dão um maior valor ou utilidade à resolução do conflito do que aos resultados obtidos. Quando fazemos isto ao longo do tempo, podemos conformarmo-nos ou ficar amargos.

> Quando existe de facto um conflito e as pessoas se apercebem disso, trata-se de um conflito verdadeiro. Quando não há qualquer conflito mas as pessoas crêem que há, trata-se de um caso de falso conflito. Inversamente, quando o conflito existe mas as pessoas não se apercebem dele, trata-se de um conflito latente.

A *negligência* é a estratégia passiva para lidar com o conflito. Acontece quando as partes estão numa situação de empate ou impasse. Nenhuma delas está empenhada numa verdadeira discussão nem à procura de algo melhor. Infelizmente, esta situação estática irá certamente provocar a deterioração do relacionamento.

A *explicitação* ocorre quando as pessoas decidem tentar conversar proactivamente acerca do conflito e melhorar a situação. A explicitação é uma estratégia activa. Significa, literalmente, que ambas as partes exprimem as suas preocupações e pontos de vista acerca do conflito. No que respeita à explicitação, não subestime o poder de deixar as pessoas desabafarem e manifestarem o que sentem. Eis algumas das minhas frases favoritas para iniciar uma discussão proactiva:

- Precisava de falar contigo acerca de algo que me está a incomodar. Quero tentar resolver as coisas antes que comece a sentir-me ressentida.
- Não me sinto à vontade a falar das nossas finanças (carro, planos de viagens, tarefas domésticas), mas não estou feliz com a situação actual e desconfio que sentes o mesmo.
- Como houve uma mudança recente na nossa situação financeira (planos de viagens, compromissos profissionais, e assim por diante), isso provocou alguns efeitos inesperados e indesejados. Tenho algumas ideias para melhorar a situação e quero debatê-las contigo.

(108) A Verdade Sobre a Negociação

45ª VERDADE

Construir a equipa de negociação vencedora

É mais eficaz a negociar em equipa ou individualmente?

As equipas estimulam mais vezes o processo *win-win* porque fazem perguntas relevantes e formulam juízos mais exactos acerca dos interesses da outra parte.[28] Pelo contrário, os negociadores individuais fazem bastante menos perguntas e é mais provável que partam do pressuposto da soma-fixa do que do pressuposto de que o interesse das partes poderá ser mais complementar do que conflituante.

No mundo dos negócios, os negociadores muitas vezes podem escolher quem compõe a equipa, por isso você deve ser cuidadoso com quem selecciona. Os erros mais comuns são estes:

- Formar uma equipa demasiado grande (sim, as equipas podem ser demasiado grandes).
- Formar uma equipa demasiado homogénea (parecem todos passados a papel químico).
- Os membros da equipa agem individualmente (cada um as próprias preferências em relação aos pontos da agenda, em vez de colaborarem para se apresentarem como uma frente unida).
- Falta de disciplina no que respeita ao processo que deverão seguir ou aos papéis que vão desempenhar.

> Escolha aqueles que têm capacidades de negociação, conhecimentos técnicos e competências de relacionamento interpessoal.

Eis alguns conselhos sobre como optimizar a construção e preparação de uma equipa[29]:

- Primeiro que tudo, escolha aqueles que têm capacidades de negociação, conhecimentos técnicos e competências de relacionamento interpessoal. (Ficaria assustadíssima se um membro da minha equipa não soubesse o que é uma MAPAN!) É necessário ter na equipa membros com conhecimentos profundos acerca do assunto em discussão. E as competências de relacionamento interpessoal são importantes, já que um passo em falso pode deitar tudo a perder.

- Seja parcimonioso. Recrute os membros suficientes para cobrir estas três áreas de competências. Idealmente, as equipas devem ser constituídas por três a seis pessoas - nunca um número de dois dígitos.
- Preparem-se em equipa, usando uma linguagem comum. Se cada membro da equipa tiver o seu próprio termo para cada assunto e a sua própria linguagem para as alternativas, será impossível conversar.
- Atribua papéis que sejam relevantes. Deve haver um porta-voz. Alguém deve estar encarregado de criar e processar folhas de cálculo através das quais as propostas e contrapropostas possam ser facilmente calculadas e avaliadas.
- A equipa deve estar de acordo em relação a valores fundamentais, tais como a sua MAPAN, o seu ponto de resistência, o seu nível de aspiração, e assim por diante.
- A equipa deve decidir quais as informações que devem ou não ser reveladas.

46ª VERDADE

E se eles chegarem com uma equipa?

Se a outra parte leva uma equipa e você está a negociar sozinho, deve ser cauteloso no que respeita a reivindicações e com a forma como o bolo é repartido. Quando uma equipa negoceia com um negociador isolado, este reivindica cerca de menos um terço do que aquilo que a equipa consegue reivindicar.

Deve, levar uma equipa para a mesa das negociações se já sabe de antemão que a outra parte irá aparecer sob a forma de equipa.

> A maioria dos negociadores apercebe-se instintivamente da vantagem de uma equipa.

Um jovem gestor prestes a embarcar numa jornada negocial agarrou à última hora num senhor de meia idade com um ar profissional e disse-lhe: "Sente-se numa cadeira e faça um ar inteligente". O distinto cavalheiro foi o que o jovem gestor designou "o seu património de cabelos brancos".

Se não tiver tempo para procurar pessoas de meia idade com um ar distinto para o acompanharem nas suas jornadas negociais, aconselho-o a recorrer à segunda melhor alternativa: criar uma equipa na sua própria mente. É aquilo a que chamo o *membro de equipa fantasma*.

> Quando uma equipa negoceia com um negociador isolado, este reivindica cerca de menos um terço do que aquilo que a equipa consegue reivindicar.

As pessoas casadas fazem isto espontaneamente, quando dizem que têm de obter a aprovação do seu cônjuge, mesmo quando não tencionam consultá-lo. Até mesmo pessoas solteiras dizem aos vendedores que têm de "falar com o cônjuge" (quando, na realidade, nem são casados). Tenho uma amiga que usa uma aliança de casamento falsa quando vai comprar um carro.

> É irónico, mas verdadeiro, que quando afirmamos que não temos total autoridade numa situação de negociação, ganhamos poder.

Este fenómeno não se restringe à psicologia, que denomina este factor como a estratégia *atado de mãos e pés*. Quando dizemos à outra parte que estamos atados de mãos e pés, ganhamos tempo para reflectir e criamos mais pressão na outra parte para nos oferecer melhores condições. É precisamente por isto que os vendedores de automóveis dizem que não podem oferecer um desconto no preço sem consultar o gerente ou o dono.

Vai aperceber-se que negoceia mais eficazmente quando negoceia em nome de outra pessoa. Esta situação é conhecida como *factor da pressão pela responsabilidade*, que consiste na tendência de outros serem mais assertivos quando crêem que está mais alguém a observar.

Se dispuser de tempo e energia suficientes, ofereça-se para negociar em representação de alguém. Por exemplo, talvez um amigo seu esteja a tentar devolver a uma loja um produto que já usou ou abriu a embalagem. Ou talvez um colega seu esteja a tentar obter um quarto melhor num hotel.

47ª VERDADE

Acerca de homens, mulheres e divisão do bolo

Qual a diferença entre homens e mulheres quando negoceiam?

Pode considerar, como eu, que esta pergunta é tendenciosa. Por isso, olhemos para alguns factos baseados em pesquisas:

- Quando homens e mulheres negoceiam entre si, como no caso de um acordo entre um vendedor e uma compradora, os homens obtêm uma fatia maior do bolo, *mas tal não é uma inevitabilidade.*
- O motivo principal para a disparidade entre as reivindicações dos homens e das mulheres radica nas suas aspirações iniciais – nas suas propostas iniciais, mais exactamente. As mulheres, muito francamente, não aspiram a ganhar tanto como os homens, mesmo quando estão a desempenhar tarefas idênticas. A professora Linda Babcock apercebeu-se disto e publicou um livro inovador chamado *Women Don't Ask*, que faculta provas convincentes para as disparidades que vemos à mesa das negociações.

Na minha própria investigação acerca deste tema espinhoso, que realizei juntamente com Laura Kray e Adam Galinski, ponderámos se o estereótipo tradicional de as mulheres serem dóceis, agradáveis e gentis não poderá estar, na verdade, a prejudicá-las. De facto, descobrimos que quando as mulheres (e os homens) eram lembradas do arquétipo estereotipado da mulher, que a apresenta como tolerante, gentil, agradável e submissa, as mulheres reivindicavam muito menos do bolo em disputa.

> Quando homens e mulheres negoceiam entre si, como no caso de um acordo entre um vendedor e uma compradora, os homens obtêm uma fatia maior do bolo, mas tal não é uma inevitabilidade.

Era óbvio que precisávamos de tentar inverter esta situação. Descobrimos que existem dois cenários – atitudes mentais – que podem realmente ajudar as mulheres à mesa das negociações. Chamemos à atitude mental número um o *efeito tiro pela culatra*. Num dos nossos testes científicos, decidimos ser directos quanto ao estereótipo tradicional feminino. Em vez de sermos politicamente correctos e não aludirmos ao assunto, fizemos

(112) A Verdade Sobre a Negociação

uma referência clara ao estereótipo feminino como sendo aquele que tem as mulheres como tolerantes, generosas, simpáticas e assim por diante. (Estávamos a contar que as mulheres em cargos de poder que frequentavam os nossos cursos de gestão considerassem que isto era um grande disparate). E aparentemente foi o que aconteceu. Elas acabaram por reivindicar uma maior porção do bolo do que os homens, e reivindicaram mais do que quando não fizemos qualquer referência ao clássico estereótipo feminino. Assim, de certo modo, se há um gorila na sala, ajuda muito as mulheres dizer-lhes que há um gorila na sala.

Há alguns anos, o professor Howard Raiffa compilou uma lista de 38 características dos negociadores de sucesso no seu livro *The Art and Science of Negotiation*. Como veio a verificar-se, algumas dessas 38 características têm uma conotação masculina (confiante, dominante), algumas têm uma conotação tradicionalmente feminina (empático, domínio do não-verbal) e algumas não têm quaisquer conotações de género (pontualidade). Quando foi entregue a um grupo misto de negociadores uma versão da lista do professor Raiffa com as "características do negociador eficaz" que apresentavam conotação feminina, os elementos femininos do grupo tiveram um desempenho melhor do que quando lhes foi entregue uma lista com conotação masculina ou uma lista neutra. Toda a gente foi colocada perante a mesma situação negocial. Apesar de todos terem a mesma situação financeira objectiva e o mesmo ponto de resistência, a atitude mental que criámos exerceu uma profunda influência no desempenho das mulheres do grupo. Chamemos a isto a *atitude mental do cérebro direito*, que é o lado do cérebro que gere a linguagem, o comportamento não-verbal e afins.

A questão não é que os homens estejam a aproveitar-se das mulheres ou a tratá-las mais duramente do que tratariam um homem, mas sim que, como afirmou Louis Pasteur, "a sorte favorece a mente preparada". As mulheres que preparam as suas próprias atitudes mentais conseguem melhores resultados nas negociações do que as que não o fazem.

48ª VERDADE

Saiba por que nadam os peixes

As diferenças culturais podem afectar fortemente as negociações. A título de exemplo, quando foi mostrada a fotografia de um cardume de peixinhos dourados a norte-americanos e a chineses e lhes foi pedido que resumissem numa única frase aquilo

5 | Da 43ª verdade à 53ª verdade (113)

que se estava a passar, as histórias que contaram foram diametralmente diferentes. Os norte-americanos contaram histórias de liderança e de tomar o comando. Foram muitas as histórias acerca de CEO e dos seus feitos. Os chineses contaram histórias acerca de membros da comunidade a tentarem apanhar e proteger um membro do grupo e histórias sobre como é importante trabalhar na comunidade.

As histórias norte-americanas eram acerca de liderança e esforço individual. As histórias chinesas versavam sobre a comunidade e o trabalho de equipa. Estas diferentes histórias ilustram uma das mais profundas diferenças entre culturas: individualismo *versus* colectivismo.

Os *individualistas* vêem o mundo como sendo a sua ostra. Vêem-se a si mesmos como entidades independentes que influenciam o mundo. Não aceitam as circunstâncias. Lutam pelo que querem.

Os *colectivistas* vêem o mundo como uma grande tapeçaria, na qual eles representam um fio que compõe todo o padrão. Os colectivistas tomam os outros em consideração quando tomam decisões. Estão dispostos a fazer ajustamentos para melhor servir a comunidade.

> Os individualistas e os colectivistas também se denunciam através dos pronomes que utilizam. Os individualistas usam mais os pronomes "eu", "me" e "meu"; os colectivistas usam mais os pronomes "nós", "nos" e "nosso".

As diferenças culturais podem também conduzir um negociador à barreira traiçoeira da tradição.

Uma jovem americana, Elisa, partilhou comigo uma história desalentadora acerca de uma negociação intercultural na sua empresa. Ela tinha 26 anos, era a engenheira e a responsável pelo desenvolvimento de produtos. A sua equipa, por acaso composta por três homens, via-a como a sua "líder de conhecimento".

Contudo, a sua viagem à Ásia foi um completo fracasso. E não foi porque ela não se tivesse preparado. Desde o primeiro momento em que estabeleceu contacto com a outra parte, foi tratada como uma secretária. Queriam que ela tomasse notas, fizesse chá e fosse buscar material de escritório. A outra parte direccionou toda a conversa para

(114) A Verdade Sobre a Negociação

os homens da equipa, não a tendo aceitado. Ela não foi convidada para uma série de reuniões importantes – mesmo sendo a negociadora-líder.

A minha aluna entrou, sem suspeitar, numa cultura hierárquica. As *culturas hierárquicas* são culturas tradicionais que reconhecem aos homens estatuto, importância e posição. As culturas hierárquicas baseiam-se em grande parte em quem tem estatuto na sociedade. À Elisa faltavam os cabelos brancos e tinha os cromossomas errados. Não importava que a sua equipa a visse como a negociadora-líder; a outra parte não a reconheceu como tal. As pessoas mais importantes nas culturas hierárquicas têm de ser respeitadas e compete-lhes cuidar dos que delas dependem.

Elisa, claro está, toda a vida tinha feito parte de sistemas de estatuto igualitário. Nas culturas igualitárias, o mérito das ideias de cada um é que determina o seu estatuto numa organização. Nos sistemas de estatuto igualitário, existem níveis de estatuto, mas estes são permeáveis ao trabalho árduo e inteligência.

De acordo com a perita em negociação Jeanne Brett, autora de *Negotiating Globally*, da próxima vez que negociar com alguém de uma cultura diferente, reserve algum tempo para descobrir como é que essa pessoa vê o mundo. Não parta do pressuposto de que a história do seu interlocutor sobre os peixes que nadam em cardumes corresponde ao seu ponto de vista.

> Da próxima vez que negociar com alguém de uma cultura diferente, reserve algum tempo para descobrir como é que o outro lado vê o mundo.

49ª VERDADE

Nem sempre faz sentido ir directo ao assunto...

Um estudo recente descobriu que na Ásia e nos Estados Unidos as expressões faciais das personagens dos livros infantis ilustrados são completamente diferentes. As expressões faciais dos protagonistas dos livros infantis norte-americanos têm sorrisos rasgados e olhares penetrantes e directos, ao passo que os protagonistas dos livros asiáticos têm sorrisos em quase não mostram os dentes e o olhar não é penetrantemente directo.

Um estereótipo comum (mas errado) é que as pessoas das culturas asiáticas não mostram as emoções. No entanto, este estereótipo é falso. O problema com que muita gente se depara é que nós são sabemos ler as emoções nos outros.

Algumas culturas, como a norte-americana, são muito directas na expressão das suas emoções e na comunicação. Outras culturas, como a japonesa, são mais discretas.

Os negociadores norte-americanos vão directos ao assunto, dizem o que pretendem, apresentam argumentos racionais, mantêm contacto visual e desafiam abertamente os outros. Por outro lado, os membros das culturas de comunicação indirecta (tal como o Japão e a Coreia) dão mais valor a ajudar os outros a preservarem a face e, por isso, não os desafiam directamente quando não estão de acordo. É por isso que o "sim" em algumas culturas não significa que haja um acordo; quer simplesmente dizer "estou a ouvi-lo". Além disso, os membros das culturas indirectas podem considerar que é má educação e inapropriado fazer perguntas directas acerca dos interesses da outra parte. Em vez disso, as pessoas sinalizam os seus interesses indirectamente, muitas vezes simplesmente fazendo propostas.

> O risco que se corre quando se está a tentar compreender alguém uma cultura diferente é crer que há pouca ou nenhuma variação dentro do grupo cultural.

É por isso que a professora Jeanne Brett, autora de *Negotiating Globally*, distingue *protótipos culturais* de *estereótipos culturais*. Os estereótipos correspondem a acreditar de forma simplista que todos os membros de uma dada cultura se comportam e pensam da mesma maneira, ao passo que os protótipos reconhecem nas culturas tendências dominantes bem como variações.

Se chegou ao ponto de analisar a outra parte relativamente às três dimensões da cultura, então está no bom caminho para uma negociação intercultural bem sucedida. A questão que se colocará é a seguinte: até que ponto é que quer mudar? Temos de abordar dois factores: (1) Até que ponto quero criar e manter uma relação com esta cultura diferente e (2) Até que ponto pretendo manter a minha própria identidade cultural[30]? Se quiser preservar a minha própria cultura mas também aproximar-me da outra cultura, então preciso de me integrar. Se der mais importância aos meus próprios valores culturais do que aos deles, então vou-me distanciar. Em alguns casos, posso estar disposto a pôr de lado os meus próprios valores culturais e adoptar os deles, significando que os assimilei.

50ª VERDADE

Negociar pelo telefone

Prefere negociar cara a cara ou pelo telefone?

Os defensores da negociação personalizada afirmam que se obtém mais informação de várias fontes quando se negoceia presencialmente. Sublinham o facto de poderem presenciar os comportamentos não verbais e verbais da pessoa.

Aqueles que preferem o telefone, destacam o facto de poderem usar o telefone como um escudo protector – para organizarem melhor as suas ideias e ganhar tempo.

Quem tem razão? Na verdade, têm ambos! Se está numa posição de poder, é melhor para si negociar cara a cara porque a outra parte não tem possibilidade de contra-argumentar tão bem como você. Isto pode dar-lhe uma vantagem no que respeita a reivindicar eficazmente. Contudo, se tem menos poder relativamente à outra parte, o telefone faculta-lhe uma protecção ao permitir que organize melhor os seus argumentos e se acalme.

Relativamente aos acordos *win-win*, existe uma tendência para os negociadores que negoceiam face a face atingirem os resultados mais integrativos, seguidos dos negociadores que negoceiam pelo telefone e, por último, dos negociadores que só negoceiam por escrito.[31]

A interacção personalizada é a mais rica forma de interacção porque tem quatro canais de fornecimento de informação:

- **Sinais cinésicos** – Cinésica significa "tocar" e, na interacção social, o toque é uma forma de estabelecer ligação. Na negociação, as pessoas estabelecem ligação apertando as mãos, fazendo gestos de celebração, aproximando as cadeiras uns dos outros, e assim por diante.

- **Sinais visuais** – Os estímulos visuais incluem tudo aquilo que pode observar na outra parte: se mantém contacto visual, se a sua linguagem corporal é de domínio ou de submissão, a expressão das emoções no seu rosto, etc.

- **Sinais linguísticos** – Os sinais linguísticos referem-se ao conteúdo efectivo que os negociadores utilizam na sua comunicação, como por exemplo o valor da sua proposta.

- **Sinais paralinguísticos** – Os sinais paralinguísticos referem-se à forma como a linguagem é utilizada. Por exemplo, podemos muitas vezes detectar sarcasmo pela forma como o outro dá ênfase a determinadas palavras.

Quando negoceia pelo telefone, perde o processamento da informação cinésica e da informação visual. Isto significa que conta apenas com os sinais linguísticos e paralinguísticos. Por esta razão, muitos têm mais dificuldades em estar em sintonia com o seu interlocutor.

Sintonia é a sensação que tem quando está "em sincronia" com o outro ou "no mesmo comprimento de onda". Os comportamentos não verbais, tais como a forma como gesticula, mantém contacto visual e anui com a cabeça são fundamentais na criação de sintonia com alguém. Já teve um telefonema em que você e a outra parte estavam a interromper-se mutuamente? Isto significa uma falha na sincronização.

> Sintonia é a sensação que você tem quando está "em sincronia" com o outro ou "no mesmo comprimento de onda".

Quando comunica frente a frente com alguém, ambos se envolvem numa complexa dança, na qual adaptam os seus discursos e os seus corpos para facilitarem a interacção social. Esta dança social prepara o caminho para mais acordos *win-win*. Numa determinada investigação, alguns negociadores ficaram "frente a frente", enquanto que outros tiveram de ficar lado a lado (e, portanto, não conseguiam facilmente estabelecer um ritmo de conversa com base nos sinais corporais). Os negociadores que negociaram "frente a frente" chegaram a acordos mais depressa e evitaram, com sucesso, uma greve![32]

Se estiver ao telefone em vez de pessoalmente, pense em como criar uma sintonia com a outra parte. Eis algumas estratégias que podem abrir o caminho para uma interacção mais fluida:

- Faça conversa de circunstância ou aborde assuntos informais durante os primeiros cinco minutos, antes de ir directo ao assunto.

(118) A Verdade Sobre a Negociação

- Tenha uma pequena reunião pessoal antes de fazer o telefonema. (Ter conhecido alguém pessoalmente, mesmo que só por uma vez, pode criar as bases necessárias para estabelecer sintonia no futuro).
- Não faça outras coisas enquanto está ao telefone. (Feche a sua caixa de correio electrónico e não fale com esta pessoa enquanto está, simultaneamente, a fazer o *"check in"* num hotel.) Se dispersar a sua atenção, não será capaz de se concentrar na interacção e enviará à outra parte um sinal de que ela é um desperdício do seu tempo.
- Uma das situações mais problemáticas nos telefonemas é falar um de cada vez. Mostre que está a acabar de falar, dizendo algo como: "bem, agora que apresentei isto, estou interessado nas suas opiniões".
- Termine a chamada telefónica com um toque pessoal. Normalmente lembramo-nos do princípio e do fim do telefonema, por isso encerre com um comentário inteligente.

51ª VERDADE

A sua reputação

Pense nas últimas dez vezes que negociou. Quantas dessas negociações foram acontecimentos isolados, em que não esperava tornar a cruzar-se com o seu interlocutor ou com essa empresa? Quantas delas foram um jogo de repetição, prevendo que iria, muito provavelmente, rever futuramente o seu interlocutor ou essa empresa?

Provavelmente, menos de dez por cento das negociações em que está envolvido são acontecimentos verdadeiramente isolados*. Isso significa que na maioria das negociações tem de pensar na sua reputação e na forma como a vai proteger.

> Na maioria das negociações tem de pensar na sua reputação e na forma como a vai proteger.

---

* **N. T**. No original, one shot.

Pense na sua reputação como sendo o seu capital social na mesa das negociações. A sua reputação é composta por três aspectos distintos: (1) a marca pessoal ou a imagem que você projecta; (2) a impressão com que ficam as pessoas que negoceiam directamente consigo; (3) a informação a seu respeito proveniente de fontes indirectas (rumores).

Num estudo acerca das reputações conquistadas por um grupo de alunos numa aula sobre negociação[33], estes classificaram-se uns aos outros com base em situações de contacto pessoal. Foram quatro os tipos de reputação salientados:

- **Manipulador ardiloso** – Este negociador está disposto a fazer o que quer que seja para ficar em vantagem.

- **Duro mas honesto** – Este negociador é conhecido por ser muito duro, por fazer poucas concessões, mas também por não mentir.

- **Afável e razoável** – Este negociador está disposto a fazer concessões.

- **Brando** – Este negociador faz concessões e é conciliador, independentemente do que fizer a outra parte.

Antes de continuar a ler, qual é a reputação que quereria ter? As pessoas tratam os seus interlocutores de variadas formas, consoante a reputação que eles têm. Se é conhecido por ser manipulador, as pessoas agirão de forma mais competitiva consigo.

> A forma como nos vemos a nós próprios não corresponde necessariamente à forma como os outros nos vêem.

Veja-se o exemplo do comportamento dissimulado: a maioria dos negociadores crê que é enganada, em média, 40 por cento das vezes. (Por vezes, essa taxa é de aproximadamente 50 por cento.) No entanto, essas mesmas pessoas admitem enganar as suas outra partes em cerca de 25 por cento das suas negociações. Estas duas estatísticas fazem sentido?

Não, não fazem sentido. Porquê? Penso que há uma razão fundamental: o efeito do padrão-duplo*. Muito simplesmente, somos mais duros a

---

* **N. T.** Em Portugal dir-se-ia ter dois pesos e duas medidas.

(120) A Verdade Sobre a Negociação

avaliar os outros do que a nós mesmos. Depressa me convenço de que se me enganou, mas encontro uma desculpa para o meu próprio comportamento. Na verdade, a forma como se vê a si mesmo não é o mais importante. Tem que é que ter em consideração a sua própria reputação.

Tenha cuidado com os efeitos resultantes da maneira como interage com as outras partes durante a negociação. Pode parecer óbvio que o efeito da fanfarronice e o efeito do género* são de evitar, mas não se esqueça que a *forma* como fala também produz os seus efeitos. Quando faz referências ao carácter da outra parte, essas afirmações dão origem a dois tipos de enviesamentos acerca dos outros: o *efeito de halo* e *efeito cauda bifurcada*. O efeito de halo consiste na tendência para acreditar que se uma pessoa é inteligente, então também é bondosa, e que se uma pessoa é fisicamente atraente, então também é inteligente. Concluindo, o efeito de halo surge quando as pessoas generalizam baseadas numa única peça de informação considerada fidedigna. Provavelmente consegue imaginar em que consiste o preconceito da cauda bifurcada: se for desajeitado, tenderei a pensar que não é inteligente, e assim por diante.

> A maioria dos negociadores crê que é enganada, em média, 40 por cento das vezes. (Por vezes, essa taxa é de aproximadamente 50 por cento.) No entanto, os mesmos admitem enganar as suas outra partes em cerca de 25 por cento das suas negociações.

Assim, a forma como encara e respeita os outros reflecte-se fortemente na forma como estes o tratam a si. E isso, numa palavra, é a sua reputação.

52ª VERDADE

Criar confiança

Numa negociação, a confiança é como o lubrificante do motor de um automóvel: as coisas funcionam muito melhor.

Há três tipos de confiança que actuam nos nossos relacionamentos:

---

* **N. T.** Feminino ou masculino.

5 | Da 43ª verdade à 53ª verdade (121)

- Confiança baseada na dissuasão
- Confiança baseada no conhecimento
- Confiança baseada na identificação

A *confiança baseada na dissuasão* tem como fundamento o princípio da cenoura e do chicote. Se eu quiser que você me faça um determinado trabalho, posso dar-lhe um incentivo para terminar essa tarefa, oferecendo-lhe um bónus para a concluir antes da data prevista. (Recompenso-o). Posso ter também uma cláusula de penalização. (Se não terminar o trabalho até determinada data, reduzo no pagamento). A confiança baseada na dissuasão é muitas vezes fundamentada em contratos e supervisão. A título de exemplo, se eu o contratar para tomar conta de crianças e instalar uma câmara de vídeo oculta para vigiar o seu comportamento, essa é uma forma de confiança baseada na dissuasão.

A confiança baseada na dissuasão é bastante dispendiosa. (Pense-se nos custos de uma câmara de vídeo e nos honorários do advogado!). Outro problema que se coloca é que se se aperceber que estou a vigiá-lo, poderá ficar aborrecido. Por exemplo, a existência de placas com os dizeres "Não escreva nestas paredes, seja qual for o pretexto" na verdade faz aumentar os casos de vandalismo em comparação com as placas que dizem "Por favor não escreva nestas paredes" ou com a ausência de qualquer placa![34]

Por estas razões, muitas pessoas do mundo dos negócios fazem uso de um tipo diferente de confiança, conhecida como a *confiança baseada no conhecimento*. A confiança baseada no conhecimento é habitualmente designada por "acordo de cavalheiros" ou "acordo selado por um aperto de mão". A confiança baseada no conhecimento é a que se cria entre pessoas que trabalharam juntas o tempo suficiente para sentirem que conhecem bem a outra parte, que a compreendem e que conseguem prever o seu comportamento. É certo que os tribunais não podem obrigar ao cumprimento dos contratos baseados no conhecimento mas, muitas vezes, produzem-se efeitos vinculativos entre as pessoas que celebram esses contratos.

A confiança baseada na identificação assenta no facto de reagirmos aos mesmos estímulos. Nos sistemas de confiança baseada na identificação, sentimos uma empatia mútua.

(122) A Verdade Sobre a Negociação

A maioria prefere trabalhar com alguém que lhes é recomendado por um amigo ou colega. Os fornecedores que negoceiam regularmente com determinados clientes, trabalham alicerçados na confiança baseada no conhecimento. É interessante que o mercado de diamantes de Nova Iorque se fundamente na confiança baseada no conhecimento. A confiança baseada no conhecimento tem como pilar o facto de você e eu estarmos inseridos numa comunidade onde ambos temos as nossas reputações e ambos queremos preservá-las. Ao passo que a confiança baseada no conhecimento assenta no conhecimento que tenho de si, a confiança baseada na identificação assenta no facto de reagirmos aos mesmos estímulos.

Nos sistemas de *confiança baseada na identificação*, sentimos uma empatia mútua. Quando há confiança baseada na identificação, isso significa que os outros têm o mesmo sistema de valores que você – partilham interesses, valores e reacções a estímulos que vivenciaram juntas. Por exemplo: "você e eu temos a mesma rigidez de padrões no que diz respeito à ética laboral e isso tem a ver com o facto de termos crescido onde crescemos e de termos pago os nossos estudos universitários". Fevia fazer o trabalho de casa para encontrar esses pontos em comum e certificar-se de que lhes dá importância. É muito mais fácil confiar em alguém que sente que está a atravessar a mesma fase da vida.

53ª VERDADE
Restaurar a confiança perdida

Por vezes, numa relação ocorre uma quebra de confiança. Como é que se restaura a confiança perdida? Infelizmente, não existe uma solução infalível. Tenha em conta as seguintes estratégias.

Deixe desabafar
As pessoas querem ser ouvidas. Permitir que os outros desabafem e descomprimam não quer dizer que você esteja de acordo com elas. Quer dizer apenas que está a escutá-las. Assim, deixe que o outro que se sente injustiçada conte a sua versão da história. Não tem de estar de acordo; tem apenas que escutar. Assegure-se de que está a compreender, fazendo um resumo daquilo que a outra pessoa disse. Pergunte ao seu interlocutor se captou correctamente a versão dele.

Peça desculpa

Se fez algo de que se arrepende, diga-o. Se não fez algo que queria ter feito, diga-o. Certifique-se de que o outro ouve o seu pedido de desculpas em alto e bom som. Uma das melhores maneiras de pedir desculpa é através de um gesto simbólico. Envie um ramo de flores a uma colega ou um bilhete escrito à mão (em vez de escrever um *e-mail* à pressa) ou ofereça-lhe uma garrafa do seu vinho branco favorito com um bilhete a dizer: "Peço desculpa pelo que aconteceu".

O problema é que muitos pensam que não têm razões para pedir desculpa. Ou seja, não acham que tenham feito alguma coisa de mal. Nesse caso, peça desculpas por ter havido um mal-entendido. Gosto das seguintes frases:

"Lamento muito que tenha havido tanta confusão e ansiedade em torno da questão da contratação do novo quadro executivo".

"Lamento que não tenha recebido o e-mail que lhe foi enviado".

"Peço desculpa por esta situação lhe ter provocado tanta tensão".

> Não espere que haja um mal-entendido para falar sobre o andamento das coisas

Concentre-se no futuro

Pedir desculpas é, muitas vezes, um acto desconfortável. Resista à tentação de rever pormenorizadamente o passado. Em vez disso, concentre-se no futuro. O que pode fazer para se assegurar que o mal-entendido não se repete?

Faça um *check up* da relação

Não espere que haja um mal-entendido para falar sobre o andamento das coisas. Faça um *check up* da relação antes que surjam os problemas. Apareça no gabinete e pergunte: "Como é que estão a correr as coisas relativamente [ao desenvolvimento do produto/alocação orçamental/contratação de novo pessoal]? Há alguma coisa que deva fazer para assegurar que estou a dar seguimento à nossa conversa sobre este assunto? É importante para mim que trabalhemos sem problemas e não quero decepcioná-lo".

Surpreenda

Ironicamente, muitas das vezes é precisamente por ter havido quebra de confiança que tem uma oportunidade única de fazer algo tão admirável por alguém que ela nunca mais vai esquecer. Digamos que acontece algo, que não teve culpa, mas que abala a confiança da sua relação profissional. O material que enviou, além de chegar com atraso, estava em mau estado, sujo e inutilizável. A sua primeira reacção é enviar imediatamente material de substituição, mas não se fique por aí. Inclua um presente personalizado para todos os envolvidos. Claro que pode ser dispendioso mas, muitas vezes, recupera-se a confiança da outra parte, podendo o seu esforço acima do expectável para rectificar a situação dar origem a outros negócios que, de outra forma, poderiam não ser concretizáveis.

Referências

1ª Verdade
(1) Osborn, A. F. (1963). *Applied Imagination* (3ª Edição). Nova Iorque, NY: Scribner.

4ª Verdade
(2) Galinsky, A. D. e Mussweiler, T. (2001). "First offers as anchors: The role of perspective-taking and negotiator focus". *Journal of Personality and Social Psychology*, 81, 657-669.

6ª Verdade
(3) Lax, D. A. e Sebenius, J. K., (1986). *The Manager as Negotiator*. Nova Iorque, NY: Simon & Schuster, Inc. Os economistas Bill Walton e Bob McKersie referem-se a estes dois objectivos como a natureza mista (mixed-motive) das negociações e advertem que os negociadores devem equilibrar a criação de valor com a sua reivindicação. David Lax e Jim Sebenius defendem que os bons negociadores fazem duas coisas: criam e reivindicam valor. São as intituladas "tarefas simultâneas na negociação" e um gestor-negociador eficaz deve possuir ambas as competências.

7ª Verdade
(4) Thompson, L. L. e Hastie, R. (1990). "Social perception in negotiation." *Organizational Behavior and Human Decision Processes*, 47, 98–123 e Thompson, L. L. e Hrebec, D. (1996). "Lose-lose agreements in interdependent decision making." *Psychological Bulletin*, 120, 396–409.

(126) A Verdade Sobre a Negociação

(5) Tinsley, C. H., O'Connor, K. M. e Sullivan, B. A. (2002). "Tough guys finish last: The perils of a distributive reputation." *Organizational Behavior and Human Decision Processes*, 88, 621- 642.

9ª Verdade
(6) Fisher, R. e William Ury, W. (1983). *Getting to Yes: Negotiating Agreement Without Giving In*, Nova Iorque: Penguin Books. ['Como Conduzir uma Negociação: Chegar a Acordo sem Ceder, Edições Lua de Papel, 2007]

14ª Verdade
(7) Galinsky, A. D. e Mussweiler, T. (2001). "First offers as anchors: The role of perspective-taking and negotiator focus". *Journal of Personality and Social Psychology*, 81, 657-669.

20ª Verdade
(8) Morris, M., Nadler, J., Kurtzberg, T. e Thompson, L. (2002). "Schmooze or lose: Social friction and lubrication in e-mail negotiations. " *Group Dynamics*, 6, 89-100

22ª Verdade
(9) Raiffa, H. (1982). *The Art and Science of Negotiation*. Belknap Press, Harvard University Press.

24ª Verdade
(10) Kahneman, D. e Tversky, A. (1979). "Prospect theory : An analysis of dicision under risk." *Econometrica*, 47, 263-291.

(11) Fry, W. R., Firestone I. e Williams, D.L. (1963). "Negotiation process and outcome of stranger dyads and dating couples: Do lovers lose?" *Basic and Applied Psychology*, 4(1), 1-

(12) Em 1983, Max Bazerman e Magaret Neale cunharam o termo " *fixed-pie perception*" para se referirem a esta convicção falsa. "Heuristics in Negotiation: Limitations to Effective Dispute Resolution." *Reaserch in Organizational Behavior*, 9, 247-288.

(13) Comecei a reflectir sobre quão enraizado estava o mito da soma-fixa. A título de exemplo, queria saber se as pessoas que estivessem perfeitamente de acordo iriam, na realidade, considerar que estavam em total conflito. Se uma irmã quisesse

laranjas e a outra quisesse maçãs, iriam elas partir do falso pressuposto de que estavam a competir ? Para investigar esta questão, criei um cenário no qual as pessoas negociavam face a face relativamente a oito questões. Duas delas eram questões acerca das quais os negociadores tinham interesses perfeitamente compatíveis, o que deveria ter resultado num acordo total e mutuamente benéfico em relação às mesmas. Lamentavelmente, 25 por cento dos negociadores tiveram resultados suboptimizados nessas duas questões, chegando a um acordo muito pior do que aquele que ambos queriam, o que foi um sacríficio inútil. E de entre aqueles que realmente optimizaram os resultados, mais de 50 por cento não sabiam que o tinham feito (que os interlocutores tinham interesses perfeitamente compatíveis com os deles). Esta foi uma importante prova empírica da generalização do pensamento ganhar-perder.

25ª Verdade
(14) Lax, D. A. e Sebenius, J. K. (1986). *The Manager as Negotiator*. Nova Iorque, NY : Simon & Schuster, Inc.

26.ª Verdade
(15) Pruitt. D. G. e Lewis, S. A. (1975). "Development of integrative solutions in bilateral negotiation." *Journal of Personality and Social Psychology*, 31, 621-630 e Carnevale, P. J., Pruitt, D. G. e Seilheimmer, S. (1981). "Looking and competing: Accountability and visual access in integrative bargaining." *Journal of Personality and Social Psychology*, 40, 111-120.

27ª Verdade
(16) Desapontada com a baixa incidência de colocação de questões e partilha de informações entre os negociadores, tomei uma medida drástica: treinei-os para revelarem informação. Numa investigação que realizei, disse claramente aos negociadores para facultarem informação à outra parte. Nesse estudo, comparei três grupos de pessoas: os reveladores, os inquiridores e um grupo de controlo. Aos reveladores, dei instruções para partilharem os seus interesses com o seu interlocutor e aos inquiridores para fazerem perguntas sobre os interesses da contraparte. O grupo de controlo não recebeu quaisquer instruções específicas.

(128) A Verdade Sobre a Negociação

Os resultados foram impressionantes: os reveladores e os inquiridores conseguiram mais acordos ganhar-ganhar do que o grupo de controlo. Assim, os reveladores e os inquiridores progrediram em direcção à Fronteira de Pareto, ao passo que o grupo de controlo chegou a acordos meramente satisfatórios. Deste modo, o importante é que se revele informação, seja pedindo-a ou facultando-a.

Além disso, os efeitos mostraram tendência para se multiplicarem ao longo do tempo, o que significa que à medida que os reveladores e os inquiridores iam fechando cada vez mais negociações, melhoravam os seus resultados a um ritmo mais rápido que o grupo de controlo. Lembre-se que nada impedia o grupo de controlo de revelar os seus interesses ou de colocar questões. Nós apenas contámos com a sua relutância natural.

Fizemos mais uma experiência decisiva antes de revelar ao mundo dos negociadores que não só não faz mal revelar informação, como é também uma das atitudes mais inteligentes a tomar. Mais especificamente, tinhamos de demonstrar que revelar informação não iria aumentar o risco de se ser explorado. Assim, realizámos um estudo no âmbito do qual foi dito ao negociador para revelar informação ao interlocutor, mas ao interlocutor foi dito para evitar revelar qualquer informação. Isto criou uma situação assimétrica, em que uma das partes sabia os interesses do seu interlocutor e a outra não. Posteriormente, procurámos todas as possíveis provas de exploração, nomeadamente um desempenho menos bom por parte do negociador menos informado. Não encontrámos qualquer prova de ter havido exploração. Na verdade, estes pares assimétricos tiveram melhores resultados no aumento do tamanho do bolo e na concretização de acordos ganhar-ganhar do que os grupos de controlo.

36ª Verdade

(17) Tajfel, H. (1970). "Experiments in intergroup discrimination." *Scientific American*, 223, 96-102.

(18) Suedfeld, P., Bochner, S. e Matas, C. (1971). "Petitioners attire and petition signing by peace demonstrators: A field experiment." *Journal of Applied Social Psychology*, 1(3), 278-283.

37ª Verdade

(19) Tversky, A. e Kahneman, D. (1974). "Judgment under uncertainty: Heuristics and biases." *Science*, 185, 1124-1131.

(20) Os 53 Estados africanos membros da ONU são os seguintes: África do Sul, Angola, Argélia, Benin, Botswana, Burkina Faso, Burundi, Cabo Verde, Camarões, Chade, Comoros, Congo, Costa do Marfim, Djibouti, Egipto, Eritreia, Etiópia, Gabão, Gâmbia, Gana, Guiné Bissau, Guiné, Guiné Equatorial, Ilhas Maurícias, Jamahiriya Árabe Líbia, Lesoto, Libéria, Madagáscar, Malawi, Mali, Marrocos, Mauritânia, Moçambique, Namíbia, Níger, Nigéria, Quénia, República Democrática do Congo, República Centro-Africana, Ruanda, São Tomé e Príncipe, Senegal, Seychelles, Serra Leoa, Somália, Sudão, Suazilândia, Tanzânia, Togo, Tunísia, Uganda e Zimbabué.

38ª Verdade

(21) Tversky, A e D. Kahneman. (1981). "The framing of decisions and the psychology of choice." *Science*, 211, 45-58.

(22) Bazerman, M. H. Magliozzi, T. e Neale, M. A. (1985). "Integrative bargaining in a competitive market." *Organizational Behavior and Human Decision Processes*, 35(3), 294–313.

39ª Verdade

(23) O estudo foi realizado pelas minhas colegas Ashleigh Rosette da Universidade de Duke e Shirley Kopelman da Universidade de Michigan. Kopelman, S., Rosette, A.S., Thompson, L. (2006) "The Three Faces of Eve: Strategic Displays of Positive, Negative, and Neutral Emotions in Negotiations." *Organizational Behavior and Human Decision Processes* 99, 81-101.

(24) O'Quin K, Aronoff J. 1981. "Humor as a technique of social influence." *Social Psychology Quarterly*, 44, 349-357.

40ª Verdade

(25) Ury, W., Brett, J. M., Goldberg, S. B. (1993). *Getting Disputes Resolved*. São Francisco, CA: Jossey-Bass.

42ª Verdade

(26) White, J. B., Tynan, R., Galisnky, A. D. e Thompson, L. (2004). "Face threat sensivity in negotiation: Roadbook to agreement and joint gain". *Organizational Behavior and Human Decision Processes*, 94, 102-124.

44ª Verdade

(27) Drigotas, S. M.,Whitney, G. A. e Rusbult, C. E. (1995). "On the peculiarities of loyalty: A diary study of responses to dissatisfaction in everyday life". *Personality and Social Psychology Bulletin*, 21, 596-609.

45ª Verdade

(28) Brett, J.M.(2001). *Negotiating Globally: How to Negotiate Deals, Resolve Disputes, and Make Decisions Across Cultural Boundaries*. São Francisco, CA: Jossey-Bass.

(29) Brett, J.M. (2007). "Negotiation Strategies for Managers". Programa executivo, Escola de Gestão Kellogg.

49ª Verdade

(30) Na pesquisa que fiz com Susan Brodt e Erica Peterson, comparámos três tipos de negociação: entre indivíduos, entre equipas e entre uma equipa e um negociador isolado. A incidência e quantidade de acordos ganhar-ganhar foram significativamente mais elevadas quando havia uma equipa a negociar. Além disso, não se revelou como necessário que ambas as partes fossem representadas por equipas. Desde que uma das partes na mesa das negociações fosse uma equipa, essa situação levava todos os intervenientes em direcção à Fronteira de Pareto.

50ª Verdade

(31) Valley, K. L., Moag, J. e Bazerman, M. H. (1998). A matter of trust: Effects of communication on the efficiency and distribution of outcomes. *Journal of Economic Behaviour and Organizations*, 34, 211-238.

(32) Drolet, A. L. e Morris, M. W. (2000). "Rapport in conflict resolution: Accounting for how non-verbal Exchange fosters cooperation on mutually beneficial settlements to mixed-motive conflicts". *Journal of Experimental Social Psychology*, 36, 26-50.

51ª Verdade

(33) Croson, R. e Steven G. (2001). "Reputations in negotiation". Hoch, S.J., Kunreuther, H.C. e Gunther, R.E. (Editores), *Wharton on making decisions* (págs. 177-186). Hoboken, NJ: John Wiley and Sons.

52ª Verdade

(34) Pennebaker, J. W. e Sanders, D. Y (1976). "American graffiti: Effects of authority and reactance arousal". *Personality and Social Psychology Bulletin*, 2, 264-267.

Agradecimentos

Nas negociações, há sempre uma "mesa oculta" ou um grupo de pessoas que são as verdadeiras decisoras e que poderão não estar visíveis. Este livro não é excepção. Dedico-o com imenso carinho a todos os sofredores alunos que fizeram o MBA que coordeno e que frequentaram as minhas aulas para executivos ao longo destes meus 20 anos de docência. As suas perguntas, provocações e histórias estão reflectidas neste livro. Silva Kurtisa e Melissa Martin, do Kellogg Teams and Groups Center organizaram os meus rascunhos e conseguiram criar ordem a partir do caos. Russ Hall e Sachin Waikar fizeram a fantástica edição dos meus débeis rascunhos. Os meus colegas e colaboradores, Max Bazerman, Jeanne Brett, Adam Galinsky, Shirli Kopelman, Laura Kray, Jeff Loewenstein, Kathleen McGinn, Don Moore, Michael Morris, Janice Nadler, Ashleigh Rosette, Elizabeth Seeley e Judith White colaboraram com os seus conhecimentos e entusiasmo na criação de uma comunidade de investigação sobre negociação que inspirou este livro. A minha família, Anna, Ray, Sam e Bob deram-me o incentivo para me manter concentrada nesta obra quando eu esmorecia.

Sobre a Autora

Leigh Thompson é Distinguished Professor of Dispute Resolution & Organizations na Kellogg School of Management da Northwestern University (Chicago, EUA). Dirige o programa para executivos Leading High Impact Teams, o Kellogg Team and Group Research Center e é co-directora do programa Negotiation Strategies for Managers.

Académica e investigadora de grande actividade, publicou mais de 95 artigos de investigação e alguns capítulos de livros, sendo também autora de sete livros, entre os quais *The Mind and Heart of the Negotiator* (3ª edição), *Making the Team* (3ª edição) e *Organizational Behavior Today* (no prelo); além disso, editou cinco livros, intitulados *Creativity and Innovation in Organizational Teams*, *Shared Knowledge in Organizations*, *Negotiation: Theory and Research*, *The Social Psychology of Organizational Behavior* e *Conflict in Organizational Groups* (no prelo).

Thompson é oradora e dirige workshops em todo o mundo sobre competências de negociação. Entre os seus clientes incluem-se a Bristol-Meyers Squibb, Microsoft, Chubb Insurance, Corn Products International, Sears Holdings, Baxter Healthcare, Chiquita Brands, Lamb Weston, CDW, Fleet Financial, Heller Financial, Novartis, bem como o Sandia National Laboratories e a CIA.

Visite-a em **www.LeighThompson.com**.